魂の遺言

渡部恒三伝

笠井尚

論創社

まえがき

渡部恒三はズーズー弁が抜けないし、根っからの会津っぽではあるが、訥弁（とつべん）の会津人としては珍しく、政治家になるべくして政治家になったような、そうした星の下に生まれてきた人間ではないかと思う。

会津と一口にいっても、恒三が生まれたのは南会津であり、奥深い山の中でありながらも、帝釈山を越えると、そこはもう北関東である。会津盆地のような閉鎖的な空間とは違った、また別な世界なのである。

恒三が若かった昭和二十年代後半は、先の戦争の混乱期を経て、新しい希望が芽生え、「青い山脈」が歌われていた時代なのである。それでいて恒三は、会津っぽらしく、過去から受け継いだ大切なものを守り育てようとした。高校や大学時代に、全盛期であった左翼に与（くみ）しなかったのは、強い信念に裏打ちされていた。「白虎精神」を説いた会津高校時代の恩師小林貞治に心酔していたこともあるだろう。

早稲田大学雄弁会では、幹事長として辣腕を振るい、早い段階から将来を嘱望された。地元選出の代議士の秘書を皮切りに、昭和三十四年に県議会、そして、昭和四十四年には国会議員に当選し、「今太閤」と呼ばれた田中角栄に可愛がられた。それでいて、角栄が佐藤栄作の派閥の一員であったときには、長州の政治家の軍門には下らないというので、頑なに無派閥を貫いた。

田中角栄内閣の成立に尽力し、ロッキード事件で角栄が四面楚歌になると、袋叩きにされるのを承知で、田中派の国会議員としてテレビに登場し、堂々と角栄擁護の論陣を張ったのである。

角栄から竹下登に代替わりし、いよいよ竹下が天下取りを目指すようになると、恒三は竹下派七奉行と呼ばれるまでになった。思いもよらぬリクルート事件によって、竹下が退陣する頃には、押しも押されもせぬ自民党の有力者となった。

恒三は、第二次中曽根内閣では厚生大臣、海部内閣では自治大臣・国家公安委員長、第一次宮澤内閣では通産大臣を歴任し、その重責を果たした。とくに厚生大臣時代は健康保険法と年金法の改正、通産大臣時代は対米貿易交渉の先頭に立ったのである。

恒三自身が天下取りという段階になって、急きょ持ち上がったのが政治改革の動きであった。長期政権となった自民党は生まれ変わる必要があった。「二大政党論」を政治的信条とする恒三は、小沢一郎や羽田孜らと共に離党し、細川護熙を担いで平成五年の非自民連立政権の成立に貢献した。

細川が途中で政権を投げ出すと、今度は野党に転落したが、同じく小沢や羽田らと共に新進党を結成した。一時は一大勢力を誇ったにもかかわらず、小沢派と反小沢派が対立して党は消滅した。

純化路線に徹して自由党を立ち上げた小沢は自民党と組み、さらに公明党まで加わって自公政権が成立。それで副議長の恒三は帰る場所がなくなった。無所属で通そうとしたら、今度は小沢が政権を離脱し、民主党と合流することになった。小沢との過去は過去として、恒三も民主党に参加した。鳩山由紀夫に請われて国対委員長にも就任した。

自民党が年金問題などで国民の怒りを買い、民主党に追い風が吹いて、平成十七年に民主党政権が誕生すると、恒三は最高顧問としてご意見番となった。しかし、民主党は実現できないマニフェストを並べ立てたこともあり、国民の信用を失い、わずか三年で政権の座を明け渡す羽目になったのである。

そのときの選挙の前に恒三は政界を引退したが、戦後の長きにわたって日本政治の中心に位置した政治家を取り上げることで、今後の日本はどうあるべきかを考える材料になればと思う。とくに、安倍首相が令和二年八月二十三日に辞任を表明。官房長官であった菅義偉が九月十七日に九十九代目の首相に就任した。恒三とも近く苦労人ではあるが、あくまでも過渡的な政権といわれ、前途多難である。

恒三の掲げた「二大政党制の実現」というスローガン自体は間違っていないのである。安定した二大政党制が機能しなければ、政治は極端から極端にぶれることになり、特定のリーダーに全権を委任することにもなりかねないからである。

渡部恒三伝——次代へと託す、魂の遺言　目次

渡部恒三伝——次代へと託す、魂の遺言

第一章　会津っぽの二大政党論

恒三の先祖が創設・竣工に寄与した永田三十三観音

渡部恒三は、一貫して二大政党による政権交代を訴えた。それが故に、人一倍愛着があった自民党に背を向けざるを得なかったのである。もし自民党にとどまっていれば、黙っていても総理・総裁の座は回ってきたはずだ。その頑固一徹さが会津っぽなのであり、損得を度外視した、政治家渡部恒三の真骨頂なのである。

恒三が国会議員になったのは昭和四十四年十二月、田中角栄が自民党の幹事長のときで、当然後すぐに角栄の直参（じきさん）となった。普通であれば角栄が属した佐藤派に入るべきなのに、佐藤栄作が山口県出身ということもあり、いくら角栄に誘われても、「長州の子分にはならない」と突っぱねた。

恒三が生まれ育った、南会津の南山五ケ郷の農民たちは会津藩に協力的であった。落城寸前であったにもかかわらず、農民たちは会津藩兵とともに、南会津の要所である田島陣屋を奪回するなど、ゲリラ戦で西軍（新政府軍）を圧倒した。いうまでもなく西軍の中心は長州、薩摩である。尻尾を振って長州人佐藤栄作の子分になることを、恒三は突っぱねたのである。

衆議院の副議長に就任した際にも、たまたま副議長公邸が木戸孝允の屋敷跡だったこともあり、「会津を攻めて、乱暴した長州の桂小五郎こと、木戸孝允の屋敷を俺は占領した」と言い放ったのである。

また、衆議院の議員宿所が平成二十年までは千代田区富士見にあった。靖国神社が恒三の散歩コースに入っており、毎日のように参拝したが、秘書の遠藤実に「戊辰戦争での会津藩の戦没者は祀られていないなんだよな」と漏らすことがあった。

戊辰戦争で賊軍の汚名を着せられた会津藩は、皇居の守備にあたったというので、元治元年（一八六四）の蛤御門の変で戦死した会津藩士三十二名を含む幕府側関係者が合祀されているが、それも大正四年になってようやく実現したのである。

秋の例大祭にしても、東京招魂社が明治十二年に靖国神社と改称されてからは、十一月六日となった。その日が選ばれたのは、会津藩が降伏したのが陰暦九月二十二日で、陽暦にすれば十一月六日だったからで、春の例大祭も、その半年前の五月六日であった。現在のように春の例大祭が四月二十一日から二十三日、秋の例大祭が十月十七日から二十日になったのは、大正元年になってからである。

真の保守主義とは

二十世紀後半のソ連の崩壊によって、イデオロギーの対決は幕を閉じた。自社さ政権が誕生したときには、社会党は日米安保条約を容認し、自衛隊を合憲とまで言い切ったのである。もはや社会主義を目指す時代は終わったのであり、保守の二大政党が政策で競い合うべきというのが恒三である。

現在の自民党は保守を名乗ってはいるが、政策的には中道リベラルに近い。「規制緩和」が合言葉になっている。保守の本来の姿は「大事なものを保存するための改革」でなければならない。受け継がれてきたコモンセンスを大事にするというよりも、今の自民党はアメリカ仕込みのグローバリズムに与（くみ）している。これでは弱者に寄り添うことはできない。対抗軸としてのもう一つの保守政党が求められており、恒三はその旗を高く掲げたのである。

恒三は昭和五十七年度自民党夏季研修会において、「新保守主義の主張」と題した講演を行い、東西冷戦から時代が変わりつつあることを力説した。

アダム・スミス流の自由放任ではなくて「ケインズの近代経済学が出て、むしろ修正資本主義的な考え方——日本はその代表例ですが、資本主義経済のもたらす矛盾を修正することによって資本主義経済が生き生きと発展している」ことを指摘した。

マルクスやマルサスについては「彼らは、その時期における一つのイデオロギーの構成としては、決して間違ったことを言っていない。ただ、一つ、大きな将来の見通しを持てなかった。それは技術革新ということです」と述べたのである。

マルサスの『人口論』では「人間は幾何学的に増えるのに、食べ物は算術的にしか増えていかない」ということを前提にしていた。だからこそ、マルサスは「二十世紀後半には、人口が増え、食糧が不足して飢餓状態になるということを予言した」のだった。

マルクスは「この世の中は、労働者と、労働者を搾取する資本家の対立から成る、あるいは農民が貧しいのは地主が農民を搾取するからだ、という理論」によって、革命を正当化しようとした。

恒三からすれば『生産性の向上と技術革新』のおかげで、マルサスやマルクスの理論は無効となり、そこにプラス修正資本主義の方向を目指すことで、社会主義の存在意義はなくなったというのである。

社会党や共産党を名指しすることは避けながらも、「一、二の政党の人たちにとって不幸なことは、すでに現実社会から消滅してしまったマルクス、エンゲルスの亡霊に今もなおとりついているということ、とりついているというよりは、とりついていない限り、彼らの存在理由はない、ということです」と揶揄(やゆ)した。

その一方で恒三は、自民党の功績として「貧富の差をなくした」ことに言及した。「日本が総中流化した」ことを高く評価した。昭和五十四年の「国民生活白書」は「国民の中流意識が定着した」と述べており、その頃までの日本は、現在のような経済格差はなかった。年収二百九十九万以下の層と千五百万以上の層が増加し、三百万から千四百九十九万の層が減少するのは平成十一年以降なのである。

恒三は、そうした大上段に振りかざした議論だけでなく、庶民感覚を重視した。自由貿易の大切さを説くにあたっても、身近な例を挙げて説明をした。

「日本ほどモノが豊富な国はありません。ところが不思議なことなんですが、資源・エネルギーという立場から言えば、また日本ほどモノが不足している国はないんです。例えば天ぷらソバ。これは代表的な食べ物の一つです。ところが、その天ぷらソバの原料のソバ粉は、ほとんど外国から来ているのです」

「また、天ぷらのエビ。これも国内でとったエビなんか使っていたら、一人前二千円とっても合わない。これ、ニューギニアとか、あちこちから買ってくるんですね。包む衣の麦粉もカナダやアメリカから来ている。天ぷらの油、これもアメリカ、中国から来る。じゃ、しょう油は国産だろうと思う。わたしのうちはしょう油醸造業ですがね。ところが、このしょう油をつくる大豆や麦も塩も、みんな外国から来ているんですね」

言葉で人を説得するのが政治家だが、この点でも恒三は群を抜いていた。官僚の説明のように木で鼻をくくったような言い方ではなく、分かりやすく、噛んで含めるような話術は、政治家としてもっとも大事な資質なのである。

グローバリズムに抗す政治

恒三が自民党と袂を分かつにいたったのは、小泉構造改革に象徴されるように、本来の保守政治ではなく、グローバリズムに舵を切ったからである。恒三は、小泉首相がよく口にした「改革には、痛みがともなう」という言葉にも違和感を覚えた。日本の根本を支えている農民や中小零細企業のことを無視して、市場原理主義で突っ走ることで、日本の大事なものが失われることを危惧（きぐ）したのだ。

もっとも疲弊しているのは地方である。大都市だけが栄えて、それ以外の地方はシャッター通りと化している。田中角栄が『日本列島改造論』を世に出したのは、昭和四十七年六月のことである。雪国でハンディを背負っている点でも、新潟県と会津や福島県とは一緒である。

角栄に「これから福島県の時代が来るんだ。もう東京に経済が集中しているのは終わりにしなくてはならない。これから新幹線をつくって高速道路をつくっていけば、福島県は東京から一番近い距離で一番広い土地を持っているところになる。おれとおまえで福島県の時代をつくるんだ」と激励されれば、恒三でなくても、誰でも付いて行きたくなるはずだ。小泉構造改革以降、国土の均等ある発展という言葉が、死語となってしまったのである。

政治改革騒動で、自民以外の保守政党に馳せ参じたことで、恒三は小沢一郎と行動を共にすることになった。政治改革の急先鋒であったときの小沢は、国民が負担すべきだという増税論者であったが、恒三は金利を下げて、金が市場に出回るようにし、積極的に景気を刺激することを政策の柱に掲げていた。選挙制度に関しても、小選挙区制のこだわる小沢とは違って、恒三は最後の最後まで中選挙区制に固執していた。

中選挙区のままであれば、小選挙区で落ちても、比例で救われるといった変則的な選挙制度にはならず、国民の民意も反映されたはずだ。党を選ぶようになれば、人材の良し悪しなど二の次になってしまうのである。

積極財政派の恒三が国の中枢を担っていれば、緊縮によるデフレから未だに脱却できない日本経済とは違っていた可能性すらある。財務官僚の言いなりにならない党人派政治家は、経済政策でも庶民に寄り添うことを忘れないからである。

自民党の一党支配を終わらせるはずであった政治改革は、田原総一朗や筑紫哲也らのマスコミが騒ぎ立て、小沢を中心にして動いたのは確かだが、非自民連立政権も、さらには民主党政権も徒花でしかなかった。結果的には自民党の復権を許すことになってしまったからだ。しかし、本当の意味での保守二党が競い合う政治はこれからであり、それを一番望んでいたのが渡部恒三なのである。

令和の時代に突入した日本の政治は自民党一強が続いているが、恒三の夢が実現するのは、それほど遠いことではないだろう。自民党の国会議員の多くは二世、三世で占められており、安倍首相のあとを受け継ぐ人材は見当たらない。世界はかつてない危機的な事態を迎えている。日本もまた例外ではない。日本でもリーダーシップのある政治指導者が求められているのである。

恒三の志を継ぐ細野ら若手

恒三は野党に太いパイプを持っていた。枝野幸男は恒三が衆議院副議長時代に、次世代のリーダーとして期待した、民主党七奉行の一人であった。失意をかこっている前原誠司や樽床伸二も、そのメンバーに加わっていた。

今は無所属ながら、自民党の二階派に属し、徐々に頭角を現してきている細野豪志は、恒三の門下を自任していた。これからは、党派を超えて細野のところに、どれだけの政治家が集まるかである。

恒三は民主党の最高顧問として細野に絶大なる信頼を置いていた。民主党が野に下ったのは、野田佳彦が細野に首相の座を譲らなかったというのが恒三の見方であった。『耳障りなことを言う勇気　81歳の遺言』では野田を名指しで批判している。

「若い世代の代表、細野豪志くんに潔くバトンを渡すべきだった。そうすれば、彼の評価もきっと違っていたはずだ」というのだ。「細野内閣で予算編成までしっかりやってから解散に持ち込めば、民主党政権が続いていた可能性もあった」と悔しがったのである。

自民党内には、日本の将来を担える有望なニューリーダーは見当たらず、細野が日に日に脚光を浴びつつある。民主党政権時代の総括をしているのは、細野くらいである。現実的な政治家として脱皮したことで、保守層の支持者も増えてきている。

細野は「政治は弱い人のためにある」というのを信条にしている。恒三は「強い人を弱くするのではなく、弱い人を強くする」というのが口癖だが、考えていることは一緒なのである。細野の『未来への責任』は民主党が下野してから出版されたが、自分の体験談を語りながら、助け合う社会の実現を主張している。

細野は、ガキ大将であったにもかかわらず、児童会の選挙で落選。親友と受験した高校で自分だけが失敗。入った高校では腰を痛めてしまい、好きだったバスケットボール部を辞めた。大学受験も現役ではすべて不合格であった。「(国会)議員になってからも、ようやく手応えのある仕事を任されるようになったときに、スキャンダルで周囲に迷惑をかけ家族も裏切った。必死に取り組んだ原発対応も反省ばかり思い出す」と書いている。細野は弱い者に味方をするのが、本来の政治であるというのだ。

「私の人生は失敗と挫折の連続だったけれども、いつも、誰かが寄り添ってくれたからこそ、ここまで来られた。常に強い人なんていないと、私は思う。自民党が言うような『強い国家』ができても、社会がボロボロでは、人は幸せにならない。共に生きる社会、助け合う社会こそ、ひいては本当の意味で強い国につながる」

安全保障についても、細野は独自の考えを持っている。現実主義者を自任しながらも、理想主義の旗を掲げることも忘れない。現実を理想にどこまで近づけられるかが政治家の仕事だということを、恒三と同じく細野も自覚しているのである。

「日本の周辺環境を考えたとき、自衛力は着実に整備しなくてはならない。ただ忘れてならないのは、日本の発展は開かれた交流の中からもたらされたということだ。東西の多様な文化や技術を採り入れて、それを組み替え、独自の文化に仕立て上げる中で、独創的で豊かな社会を育んできた。この柔軟性こそが日本の真の強さである。日米同盟を深化させ、隣人であるアジアや太平洋地域との共生を実現することを基本姿勢とするべきである」

その一方で細野は、外国人の地方参政権に関しては、慎重な立場を崩さない。世界の国々を悩ませているのは、多様性を重視しながら、どのようにして国家の舵取りをするかなのである。

「今後、地方分権で自治体の権限が大きくなればなるほど、地方参政権は国家主権」とつながってくるからであり、「求められるのは、外国人の人権と主権を分けて考える柔軟な対応だと考える」といったように、バランス感覚のある保守政治家である。今の自民党が忘れ去ってしまった「穏健保守」のリーダーとして、恒三がもっとも期待していたのが細野なのである。

角栄の薫陶（くんとう）受けた二階俊博

恒三は自民党にもパイプがあった。二階俊博幹事長は、恒三を兄のように慕い、頼りにしていた。田中派、創政会、新生党、新進党で同志だったこともあり、令和二年二月にはわざわざ見舞いのために会津若松市を訪ね、会津若松市の穴沢病院に入院中の恒三を励ました。自民党幹事長に就任した二階を激励するために、恒三は平成二十八年九月二日、二人だけで会食をした。「誠実で行動力がある」と二階を高く買っていることもあり、骨のある政治家がいなくなったことを嘆く恒三からすれば、唯一の政治家らしい政治家なのである。

大下英治の『ふたりの怪物　二階俊博と菅義偉』によれば、食事の席で恒三は二階を幹事長にした安倍首相の人事を絶賛。「最近、新聞を読まなくなったが、二階幹事長になってから読むようになった。田中（角栄）幹事長以来の大幹事長だ。残りの人は忘れた」と記者団に語った。

引退してからも、恒三は日本の政治の行方が気になって仕方がなかった。「政治が弱い立場の人のことを考えるのではなく、与野党を通じてサラリーマン化してしまった。これでは日本丸は沈没するしかない。安倍内閣がかろうじて持って来たのは、二階のおかげだ」と言ってはばからなかった。

恒三がそこまで二階を特別扱いするのは、角栄から薫陶を受けた政治家であるからだ。「政治家は行動しなくては駄目だ」とか、「顎で人を使ってはならない」とかという言葉を直に聞いて、二階はそれを自らの指針とした。さらに、竹下登からは「気配り」を、金丸信からは「決断力」を学んだのである。

宮澤喜一内閣への不信任案をきっかけにして、日本の政治の漂流が始まった。小沢一郎と行動を共にした二階が、自民党に合流したのは平成十五年十一月の衆議院選後であった。それでも恒三と二階との関係は途絶えなかった。

恒三からすれば、小沢一郎の一番の政治的な失敗は、二階を懐刀として使えなかったことなのである。二階が小沢のもとにいたならば、民主党内のゴタゴタも深刻にならずにすんだし、民主党は自民党を突き崩し、小沢内閣が誕生していた可能性が大なのである。

自ら汗をかくことを厭わなかった二階は、派手さはないにしても、着実に自民党内で力を付けた。平成十一年の小渕第二次改造内閣で運輸大臣に初入閣しているが、そのときはまだ自由党であった。

二階が存在感を示したのは、平成十七年十月の第三次小泉改造内閣で経済産業大臣に就任してからである。平成十八年から二十年にかけての安倍、福田、麻生の各内閣でも、国会対策委員長、総務会長の要職をこなし、経済産業大臣は福田改造内閣だけでなく、麻生内閣でも再任された。

第二次安倍内閣以降は衆議院予算委員長、総務会長を歴任し、平成二十八年八月三日に自民党幹事長に安倍晋三首相から指名された。就任時の年齢が七十七歳五カ月であるにもかかわらず、現在もなお自民党政権を支えているのである。

安倍前首相の番頭役に徹してきた菅義偉とは、恒三の甥である前福島県知事の佐藤雄平や福島県議会議員の瓜生信一郎は、それこそ兄弟同様の付き合いである。菅と同じく二人とも秘書経験者で、苦労を共にした間柄であり、当然のごとく恒三と菅との間にも太いパイプがある。

一貫して党人派政治家を目指す

今ではほとんど使われなくなった言葉に「党人派」という言葉がある。自民党が長期政権を担うことができたのは、時代の分岐点には「党人派」の政治家が庶民の声を代弁したからである。官僚出身ではない、地方議員などから出てきたたたき上げの政治家を評する言葉で、菅義偉や二階俊博らも含まれる。

恒三は「栗山博先生の思い出　早稲田雄弁会の頃」という一文を書いている。栗山博翁追悼録刊行会が昭和四十六年九月二十日発行の『栗山博翁追悼録』に収録されている。

栗山は明治十七年福島県に生まれ、自由民権運動の河野広中に私淑し、早稲田大学とアメリカの大学で政治思想を学んだ。普選運動の闘士としても活躍し、大正十年の補欠選挙から連続十回衆議院議員に当選し、在職期間は二十三年三カ月にわたり、昭和三十四年九月二十日に死去した。

恒三にとっては、栗山は同じ福島県出身であるばかりか、早稲田雄弁会の先輩でもあった。党人政治家として栗山を尊敬していただけに、「栗山先生が、私たちに残した遺訓は、庶民の心を忘れない政党政治の筋を通していくことだと思う」と書いたのだった。

恒三が大学生だった頃には、早稲田の先輩としては石橋湛山、緒方竹虎、松村謙三、河野一郎、鈴木茂三郎、浅沼稲次郎といった錚々（そうそう）たる党人派政治家が健在だった。

松村が『栗山博翁追悼録』が出る直前に亡くなったこともあり、恒三は「地下に眠る先輩の先生方から笑われないように、官僚に奪われた自民党を党人政治家の手に取り戻さねばならぬと思うのである」との決意を表明したのである。

党人派政治家を目指した恒三は、『政治家につける薬』で石橋湛山、三木武吉、松村謙三を高く評価していた。三人とも官僚に面と向かって物申すことができたからである。

「石橋先生はケインズ経済学の完全雇用、積極財政というものを非常にわかりやすい言葉で語っておられたんだね」と述べるとともに、「石橋湛山から何を学んだかと言えば、二四時間接触していて、己がなかったね。常に天下国家だけだった」と思い出を語った。

「政治家三木武吉というのは、言ってみればネゴシエーターというか、調整役だね」と人物評をして、「三木先生はあれだけの政治家でありながら一度も大臣をやらず、常に国を動かしていく。そのことに関心を持って、みずからが何かのポストにつくなんていうことは全く関心がなかった政治家だね」とユーモア豊富な硬骨漢と評した。

「松村先生は自民党の政治家の中で新中国に非常に好意を持った政治家だった」と述懐しながら、「残念ながら僕は松村先生とは直接のおつき合いは持てなかった。ただ、清廉潔白の政治家だった。だから総裁選に出れば必ず負けていたんだろうね。清貧の士というか、竹林の七賢というのが中国にいたが、ああいう人だったたんじゃないかな」と畏敬の念を抱いたのだった。

恒三が田中派に入ったのは、官主導ではない政治を実現するためであった。日本で実力者といわれる政治家に共通していたのは、官僚を使いこなしたからであり、官僚の言いなりになる政治家は、党人派とは呼ばれないのである。

また、恒三は私利私欲のない政治家であった。私は、伊東正義、八田貞義という会津を代表する政治家の本も書いているが、いずれも東京に家があった。伊東は前職が農林事務次官、八田は前職が日本医科大学教授であった。それだけに東京の世田谷区の千歳台や、渋谷区の代々木上原に、それぞれ自宅を持っていた。

それと比べると、政治一筋であった恒三は、ついぞ東京に家を持てなかった。恒三は「だいたい四十年働けばサラリーマンだって、マンションの一つぐらい持つもんですが、四十二年国会議員をやって、四つの大臣を務めて、ついには東京に家を持てませんでした」（橋爪大三郎編著『小室直樹の世界』）と語ったのである。

親友であった小室の思い出話をしながら、恒三は自分の政治家人生を振り返ったのである。田中派からの流れをくむ派閥に属し、小沢一郎と行動を共にしたことから、世間からは一蓮托生と見られているが、実際は金権とは無縁な政治家であったのだ。金が集まってきたとしても、それはすべて政治につぎ込んだのである。

民主党政権がスタートした平成二十一年に、鳩山由紀夫首相が事務次官会議を廃止した。政治主導にしようとしたが、官僚の反発を招いてしまい、わずか二年で元の木阿弥と化したのである。

それ以前は全て事務次官会議で決まってしまい、閣議はハンコを押すだけいうのが普通であった。途中で尻つぼみになったとはいえ、「官僚政治から国民の政治」を目指したのだった。

民主党政権が国民の期待を裏切ることになったのは、人間力が欠けていたからだというのが恒三の見方である。小選挙区で自民党からは立候補できないということで、民主党には学歴エリートがたくさん集まった。英語も喋れるし、経済に関しても見識がある。それでも国民から見放されたのだった。

恒三が若い頃には、暇があると吉川英治の『宮本武蔵』や『三国志』、山岡荘八の『徳川家康』をむさぼり読んだ。そこには人間が描かれているからである。

政治学者の永井陽之助も「『現代戦略』とクラウゼヴィッツ」(『ネクスト』一九八五年七月号)という題で、持田鋼一郎のインタビューに答えて、「イギリスのマイケル・オークショットという政治哲学者が、人間の知識を伝習的知識と技術的知識に分けていますが、戦雲状況における意思決定の際に必要なのは前者の伝習的知識です。すなわち、ヨーロッパの支配階級が先祖代々伝えてきた、『帝王学』がいざというとき役に立つ」と語っている。

少しばかり学問があっても、政治家としては一人前ではないのである。「伝習的知識」を身に付けるためにも、歴史的な人物について書かれた本を読むというのは、政治家には必須なことなのである。

大下英治の『人間渡部恒三　政界再編の鍵を握る男』のなかで、恒三が歴史的な人物について語ったエピソードがいくつか紹介されている。

衆議院に出馬するための一回目の会津での会合では、桂小五郎のことを話題にした。逆境のときに助けてくれる友への感謝の言葉であり、自分を桂小五郎になぞらえたのである。「桂小五郎は、三条の河原で維新を考えていた。そこへ芸者幾松が、握り飯をつくって、橋のたもとから、こっそり渡していたんだ。浮浪者に身をやつして維新の日を夢みる桂小五郎は、その心境をこう詠んだんだよ。情けあるなら今日今夜　一夜あければだれもくる」

恒三は、田中角栄を誉めるにあたっても、江戸時代前期の『世間胸算用』などを執筆した伊原西鶴の言葉を引用した。金に困っている政治家や評論家に気前よくポンと援助する姿に感動したからだ。

「井原西鶴は『よく集め、よく散ずるを、英雄という。よく集め、散ぜざるものをもって、守銭奴、集めるを知らずして使うのを、阿保という』と言った。その面では、田中さんはまさに英雄だな」

非自民連立政権で首相になった細川護熙の後釜に、恒三や小沢一郎が考えていたのは、渡辺美智雄であった。渡辺が自民党を飛び出す勇気がなくて不発に終わってしまった。恒三は、織田信長になれなかった渡辺にガッカリしたのだった。

「織田信長軍が、なぜ、桶狭間の戦いで勝利することができたか。信長が、たったひとりで馬にまたがり、城を飛び出したとき、『はたして何人の部下がついてきてくれるのか』などと躊躇(ちゅうちょ)していたら、とうてい桶狭間にたどりつくことはできなかった。おそらく、その途中で織田軍はバラバラになっただろう。信長はそんなことをまったく考えていなかった。天下を取るため、ひたすら馬を走らせた。だからこそ、気がついてみたら、三千人の部下たちが命がけでついてきてくれた。結果的に三万人の今川義元軍を破ることができたんだ」

小沢一郎と袂を分かって、羽田孜が新進党から出ようとした際にも、恒三は劉邦と項羽の故事を引き合いに出して、思い止まるように説得した。

「党内抗争では、小沢に勝てっこない。中国の歴史を見ろ。漢の高祖・劉邦は、戦うたびに項羽に負けていた。しかし、項羽はあまりにも傲慢で、うぬぼれ家で、強引で、人の心を失っていく。負けてばかりいた劉邦が、結局、最後には勝利をおさめ、高祖となった。中国史で一番長い政権である漢をつくっているじゃないか。きみは、いまは負けてもいいんだ。もう少し辛抱していれば、かならずきみが党首になる時期がくる。我慢しろ」

南会津（南山）御蔵入りの歴史

渡部恒三という傑出した政治家が会津から出たのは、井の中の蛙にならない、南会津の人間だったからである。過疎地に生まれたのは選挙においてはハンディになったことは確かだが、門閥の争いや足の引っ張り合いのない、もう一つの会津があったおかげで、一度も落選を経験せずにすんだのである。

恒三が党人政治家を目指したのは、官僚政治家には、庶民の心が届かないという苛立ちからだ。会津といっても、かつて南山お蔵入りと呼ばれた南会津に生まれた恒三は、政治の恩恵に浴さない人々の側に立とうとした。

会津松平家の祖である保科正之が寛永二十年（一六四三）に二十三万石の会津藩主になっ

てから、南会津や大沼の一部を含む南山五万五千石は、会津藩の預かり領地であった期間が長かったとはいえ、四回にわたって幕府の直支配になっている。

正式に会津藩の領地に編入されたのは、長州藩が京都に攻め込み、これを会津藩と薩摩藩などが撃退した、蛤御門の変が起きた元治元年（一八六四）からである。徳川の御三家の一つである水戸藩の石高が二十八万石程度であった。南山の御蔵入りと合わせると会津松平家はそれを上回る石高となる。このため不安定な立場に置かれたのである。

会津藩の郡奉行が「慶安元年より元禄元年まで四十一ケ年、民勢さし潮の如盛事に御座候」（『新妻氏存寄書』）と感嘆したように、会津盆地ばかりではなく、江戸中期までは南山も豊かな恵まれた土地であった。

悲劇のどん底に突き落とされたのは、天明三年（一七八三）の大飢饉で、南山で約二五〇〇名の餓死者を出した。南山の中心地であった田島は、元禄七年（一六九四）には戸数が二七二戸、一四三五人であったのが、天明九年（一七八九）には二一六戸、九二八人にまで減少してしまった。山間部であることで、会津盆地とは違って悲惨な事態となったのである。

享保五年（一七二〇）の南山御蔵入騒動（一揆）は、過酷な幕府の直支配への反発であった。年貢の延納と引き下げ、郷頭の罷免を求めて幕府に直訴したのである。そうせざるを得ないほどに困窮していたのだ。同じ会津とはいっても、天明の大飢饉以降は、会津盆地と南山とは天と地ほどの差がある。弱い者に味方するという恒三の信念は、自ら育った風土と密接に結びついているのだ。

歴史的にみても、会津盆地と南会津の支配者は違っていた時期があった。中世において田島を治めたのは長沼氏であった。長沼氏のルーツを遡ると藤原鎌足に行き着く。

そこから北家の藤原房前と魚名と続き、さらに四代後が俵藤太こと、下野、武蔵の鎮守府将軍の藤原秀郷であった。秀郷は天慶三年（九四〇）の平将門の乱を鎮定した功績によって、鎮守府将軍に任ぜられた。

藤原秀郷から七代後が下野国の小山を拠点とした小山政光であった。そのときから藤原ではなく、小山姓を名乗るようになったのである。政光の長男朝政が小山氏を継ぎ、三男の朝光が下野国結城を本領とし、次男の宗政が下野国長沼を本領として、それぞれ結城氏、長沼氏の祖となった。

宗政が奥州征伐の功によって南山を与えられたといわれるが、寛喜二年（一二三〇）、その子時宗に手渡した所領目録には、下野国、美濃国、美作国、備後国、武蔵国、京都などにある領地とともに、陸奥国南山の地名が載っている。
鎌倉時代までは、領主は一国をすべて所領とするのではなく、村単位であったといわれ、南山といっても、どこまでが支配地であったかは分かっていない。長沼氏の一円支配が確立するのは、室町時代に入ってからで、田島、下郷の全域、栃木県の藤原、塩原までが勢力圏となった。

南山の中心地である田島に鴫山城（しぎやまじょう）を築いたのは、その頃でなかったかとみられている。その時点では本家筋の小山氏や、弟筋の結城氏は没落し、三浦一族の流れをくむ芦名氏が会津全体を抑えることになっても、長沼氏だけが命脈を保ったのだった。

芦名を破った伊達が豊臣秀吉の意向で会津を去った天正十八年（一五九〇）、長沼氏が仙台領に移るまで、四百年にわたって田島を統治した。長沼氏が去ってからも田島には蒲生、上杉、加藤の城代が置かれ、城下町として栄えた。会津松平家の時代に南山が幕府直轄（ちょっかつ）の御蔵入りになったときも、その地位は揺るぐことがなかった。

田島町教育委員会編の『田島町史』によれば「陣屋或いは御用場が建ち『郡中の親村』としての体面を保って来た」のである。

「村勢は、戸数の六割が商売、四割が百姓であるが、商売の者共も、質券奉公人を雇って百姓をやらせ『山根川岸迄』田畠を切開いて耕作して来た。商売も南は今市、日光辺まで、北は高田、坂下、御城下まで手広くし『農商両方とも経営貧しからざる』ものであった」

それを一変させたのが天明の大飢饉であった。それ以降、商売も成り立たず、田畠は荒れ地と化し、北関東に屋根ふきに出かけるようになったのは、文化五年（一八〇八）頃からである。

英国の女性旅行家イザベラ・バードの明治二十七年六月二十七日の日記には「私たちは田島で馬をかえた。ここは、昔、大名が住んでいたところで、日本の町としてはたいそう美しい。この町は下駄、素焼、粗製の漆器や籠を生産し、輸出する」と書き記されており、その頃には豊かさを取り戻していたのだ。田島も戊辰戦争で東西両軍の激突の舞台とはなったが、焼かれずに美しい景観を保持していたのである。

渡部家と宇都宮二荒山神社

恒三の実家である南会津町永田の渡部家と、宇都宮二荒山神社とは深い関係がある。毎年一月十五日に行われる春渡祭（おたりや）の神事には、体調を崩す前の恒三は欠かさず参列していた。

渡部家の言い伝えによると、永田地区は何度も大火に見舞われたが、渡部家が「火防信仰」で知られる宇都宮二荒山神社に祈願したところ、大きな火事が起きなくなった。そのため渡部家は、宇都宮二荒山神社が焼けたときには、再建にあたって中心的な役割を果たしたのだった。

宇都宮二荒山神社は、江戸時代には安永二年（一七七三）と天保三年（一八三二）の二回焼失しているが、神社再建に協力を惜しまなかったのは、渡部家の第二十六代三右衛門篤恒であった。質素倹約をしながら、コツコツと貯めて財を成したのである。

南会津田島の永田には大口のスポンサーがいるというので、宇都宮二荒山神社の関係者二人が渡部家を訪ねたのは、日が暮れようとしている時刻であった。下野国からの長い道のりで疲労困憊（こんぱい）であった。

その家は構えだけは大きいが、垣根もない茅葺の農家づくりであり、華やかさもなく静まり返っていた。大戸を叩くと中から返事があった。おそるおそる戸を引くと、土間では使用人らしい一人の老人が縄をなっていた。

「主はおいでになられますか」と声をかけると、何とその老人が「私です」と答えたのである。二人は深い失望感を味わった。奥からは使用人の声が聞こえ、夕餉（ゆうげ）の支度や風呂の水くみなどに追われているが、地方屈指の商家の豊かさは感じられなかった。

通された座敷で、主が席を外したすきに、二人は「このような貧し気な暮らしぶりでは、我々の申し出は断られるだろうな」とささやき合った。それでも、断られるのを承知で「私どもが御仕えする二荒山神社が火災に見舞われことごとく焼失致しました。一日も早い再建をと思っておりますが金子のめどが立ちません。何とかお力をお貸し願えないものでしょうか」と切り出した。

すると、主の三右衛門篤恒は、一呼吸おいて、「かしこまりました。私の力でよければできるかぎりの奉納をさせていただきましょう」と返答したのだ。予想していなかった言葉に、二人は恐縮して、ただただ頭を垂れたという逸話である。それが代々語り継がれてきたのである。

宇都宮の二荒山神社では、渡部家への感謝として、毎年一月十五日に開かれる春渡祭（おたりや）に親戚一同が招かれ、本殿において「氏子総代渡部又左衛門」（代々の襲名）と名前を呼びあげられ、代表して玉串奉奠（たまぐしほうてん）をするのが慣例となっている。

三右衛門篤恒は寛政八年（一七九六）に死去したが、かなりのやり手であったようで、墓石は五輪塔で、渡部家中興の祖とも呼ばれている。歴代の恒三の先祖は、我がことよりも神仏を、さらには地域のことを第一に考えたのである。だからこそ、近在の人々から「本宅」

と呼ばれたのだろう。

渡部家がどれだけ信心深かったかを今の世に伝えているのが、日本遺産にも指定されている永田三十三観音である。駐車場に設置された掲示板によると、恒三の先祖がそれにも関与していたのである。

「永田三十三観音は、文化時代（一八〇六〜一八一七）に、この地の篤志家（とくしか）である第二十九代渡部又左衛門英信が、地域の人びとの安寧を願い、永田三十三番札所創設を祈願された。以後二代にわたって三十三基の石仏像を奉納し、かつて西国三十三番札所を巡礼した際に、各札所にて拝受した土をその石仏群の下に埋めたと伝えられている。このような言い伝えから、鷲山の山腹にある参道約一キロメートルに沿って鎮座する三十三体の観音様を一周巡礼すると、西国三十三観音霊場と同じ功徳があるとされており、石仏群の周辺には、疣（いぼ）清水や金蔵院祭霊跡碑等もある」

永田三十三観音は、第二十九代の又左衛門英信が着手し、三十代又左衛門又三郎に引き継がれ、竣工したのは第三十一代又左衛門の代になってからで、明治十一年（一八七八）のことである。

また、江戸で酒造りを修行して帰郷する際に、蜀山人（しょくさんじん）から「酒なくて生きることはかなえども、なくてかなわぬ味噌醤油」という狂歌をしたためてもらった先祖もいる。味噌醤油を造るようになったのは、それがきっかけになったといわれる。蜀山人は太田南畝の別号で、天明期を代表する文人であり、狂歌師としても知られた。

南山からわざわざ江戸に技術の習得や学問をしに出掛けるというのは、勉強熱心だっただけでなく、それだけの財力があったからに違いない。それを裏付けるかのように、第二十七代又左衛門篤敬は、享和元年（一八〇一）京都にて本居宣長の講義を受けている。国学に対しての関心があったことは確実で、奥会津の地にありながらも、時代の最先端の思想を学んだのである。

田島と結城は長沼氏の拠点

会津地方はみちのくに属しているが、南会津は北関東と接しており、固い雪の時期に尾根を越えれば自由に行き来することができる。恒三の進取の気象は、そうした風土性に培われているのである。会津人でありながらも、政治家として大成できたのは、南会津の地に生まれたことと無縁ではない。

藤原秀郷が戦勝を祈願したのは、渡部家と縁が深い宇都宮二荒山神社であった。俵藤太こと藤原秀郷は、瀬田唐橋に現れた大蛇に頼まれて、三上山に住むムカデを成敗したとの言い伝えがあり、勇ましい武将であったといわれる。それと同じような伝説が南会津郡下郷町の小野岳にある。

昔小野岳に朝日長者が住んでいた。天皇の勘気（かんき）をこうむって勘当された有宇（ありう）中将と長者の娘が結ばれた。一子をもうけたが、有宇中将は観音像を残して都への旅に出て途中で死んでしまう。妻の朝日姫も後を追うようにこの世を去った。残された子供が猿丸大夫と名付けられた。

男体山と赤城山が中禅寺湖の領有で争ったときに、日光三社権現の依頼を受けた猿丸大夫が、赤城山の化神であるムカデを退治した。関東から進出してきた長沼氏が秀郷に連なる一族であることも無関係ではないだろう。

「日光山縁起」では、日光山を与えられた猿丸大夫は、山中に二荒山神社を建立しただけではなく、宇都宮に有宇中将の子で、猿丸大夫の父太郎明神（馬王）を祀ったというのである。それが宇都宮二荒山神社の由来なのである。

小野岳の伝説は「日光山縁起」の焼き直しだといわれる。小野岳の伝説では、猿丸大夫が有宇中将の孫でなく子供であるといわれてはいるが、奥州の小野に住んでいたということは一致する。恒三の先祖は、そうした故事来歴にも精通していたがために、宇都宮二荒山神社を信仰するようになったのではないだろうか。

第二章　良き師良き友に恵まれる

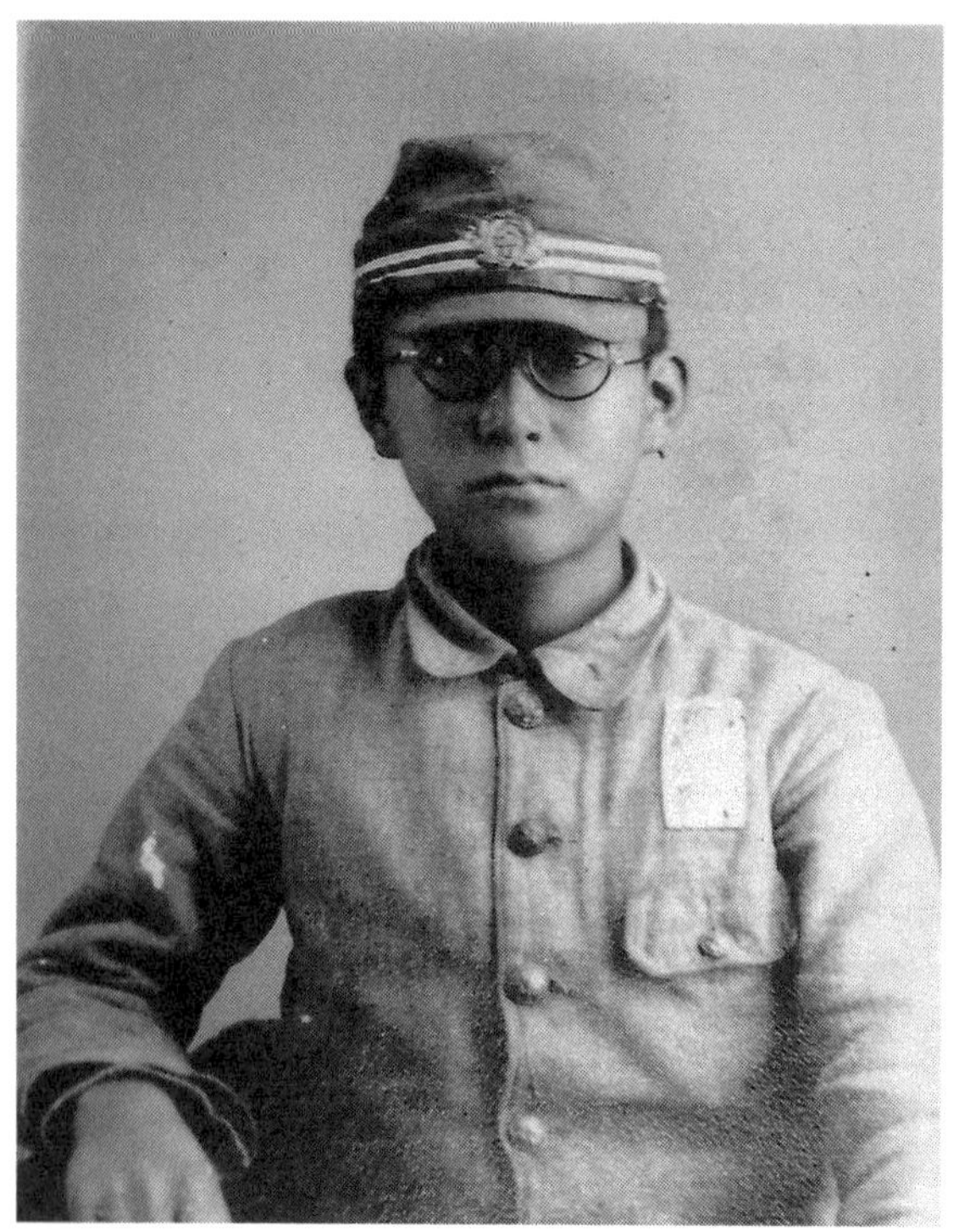

会津中学のころ

渡部恒三は昭和七年五月二十四日、福島県南会津町永田に生まれた。父又左衛門は県議会議員や田島町長を兼任した名士で、味噌醤油醸造業を営んでいた。又左衛門は代々襲名で、祖父も南会津郡会議員であった。

恒三の実家は、田島から南郷に向かう国道二九八号線（駒止バイパス）をびわかげ公園先で左に曲がった所にある。今は使用されていないものの、味噌工場が残っていて、事務室には国会議員時代の恒三の選挙ポスターが貼ってある。

母のけゑは昭和八年八月二十九日に亡くなった。けゑは茨城県結城市の渡辺和三郎の娘で、又左衛門との間に、三男四女を生み、一番下が恒三であった。渡部家と渡辺家とは姓は別であるが、元々は同族であった。

渡部家の六代前の分家が渡辺家であり、けゑの生まれた家は荒物屋を営む資産家であった。そこから恒三の実母は嫁にきたのである。その辺のことについて、恒三のことを書いた本ではほとんど取り上げられてないが、六代も前に分家した者たちとまで付き合いがあるというのは、一族の結束力の強さと同時に、南会津と結城市との深い絆を物語っている。

父親の後妻として、新しい母となる喜伊が恒三の前に現れたのは、恒三が四歳七カ月になってからであった。実母と同じく渡辺家の関係者であった。実母の死というのは、いくら幼くても子供に影響を与える。自分の世界にこもってしまいがちになるのだ。しかし、喜伊のおかげで、恒三は寂しい思いをせずにすんだのである。

嫁に来たばかりの頃は、喜伊は奥会津の生活になじむことができず、渡部家から去ろうとした。すると恒三が「かあちゃん」と膝の上に座ったので、「不慣でならず、立ち去ることができなかった」と喜伊は生前語っていた。母は死んだのではなく、病院にいるといわれていたので、自分を生んでくれた母親が戻ってきたと思って、しがみついて離れなかったのである。

恒三は昭和十四年四月、永田尋常小学校に入学したが、入学式の当日は、教師から名前を呼ばれても、引っ込み思案で返事をすることができなかった。そんなおとなしい子供が、明るく活発になったのは、並々ならぬ愛情を喜伊が注いだからである。

恒三が生まれた時代は日本が激動期に突入していた。昭和の金融恐慌のせいで、代々続い

生家の敷地に建つ南山荘（味噌工場）

恒三の母校、会津高校（昭和38年焼失、昭和40年再建）

た渡部家も傾きかけていた。父親の又左衛門は田島銀行の頭取と、製糸組合の組合長をしていたため、個人保証で大半の財産を失った。それでも父親は恒三にひもじい思いをさせることはなかった。恒三は昭和二十年三月、会津若松市にある会津中学に合格した。入学を誰よりも喜んでくれた父親が急逝したのは、下宿暮らしが始まった矢先の四月二十一日であった。四十九歳の若さであった。田島町長と県議会議員在職中だっただけに、惜しまれての死であった。

天才小室直樹の面倒をみる

昭和二十三年四月、戦後の学制改革により、県立会津中学校は県立会津高校となり、恒三は合計六年間同じ校舎に通うことになった。たまたま中学一年の時に、恒三と小室直樹は同じクラスであった。

小室は、戦後の日本を代表する在野の思想家で、昭和五十一年に『危機の構造』で論壇にデビューして注目され、昭和五十五年に世に出た『ソビエト帝国の崩壊』がベストセラーとなった。実際にその十一年後にソ連が崩壊したことから、緻密な分析にもとづいた予言の書と評された。政治学、経済学、社会学の分野で数々の業績を残した。

面倒見のよい恒三は、小室のために色々と骨を折ったのである。父親を早く亡くしたということで、東京から母親の実家がある柳津町に移り住んでいた。恒三と同じように、汽車で通うのは大変だということもあり、会津若松市内の叔母の家に世話になっていたのだ。

小室はどことなく大人びていて、同級生とあまり口をきくこともなかったが、人懐っこい恒三とは、気を許して話し込む仲となった。どんな人間とも、分け隔てなく友達になるのが恒三なのである。

質実剛健を売り物にする学風だっただけに、昼飯も食わないで、ひたすら本ばかり読んでいる小室は、いじめの対象となった。時には小室の堪忍袋の緒が切れて、いじめた相手を追いかけ回すこともあったが、周囲からはガリ勉の青瓢箪と見られていた。

いかに小室が風変わりな生徒であっても、恒三は邪険に扱うことはしなかった。昼飯を持たされないほどに困窮しているのを知って、自分が下宿している所の小母さんに頼んで、二人分の弁当をつくってもらった。何も食べずに、水だけで我慢している友達を、見捨てて置くわけにはいかなかったのだ。

恒三に助け舟を出したのは、父親が懇意にしていた弁護士の岩崎光衛であった。小室の授業料の滞納が続き、退学予告通知を出されるまでになっていた。恒三が誰彼となく声をかけていたのを岩崎が小耳にはさんで、「書生にするからすぐに連れてこい」ということになったのだ。

岩崎は立志伝中の人であった。一旦は警察官になったものの、勉強をして司法試験に合格した苦労人であった。県議会議員を経て、敗れたとはいえ若松市の市長選にも立候補している。

雨の日でも小室が水撒きをしたとか、電話番が満足にできなかったというエピソードは、あまりにも有名だが、人並み外れた友のために、一肌も二肌も脱ぐのが恒三だったのである。

生涯の師小林貞治

恒三と小室とが二人して私淑したのが、生徒たちから「ティーチャー」の愛称で呼ばれていた、英語教師の小林貞治であった。多くの教師が戦後の民主化で骨抜きになってしまっているなかで、いかに封建的といわれようとも、一貫して自分の信念を曲げなかった。

そして小林は、政治家志望であった恒三を目にかけ、自宅で英語の特訓をしたのだ。恒三と小室は、小林が小さな子供を連れて銭湯通いをする姿を見て、「あんな偉い先生が家に風呂がないなどというけしからんことがあるものか」と憤慨し、偉くなったら二人で風呂をつくってやろうと誓ったのである。

恒三が早稲田大学に無事合格できたのは、いうまでもなく小林のおかげであるが、恒三は、人生の師としての小林から大切なものを学んだのだった。そんな気骨のある教師がかつてはいたのである。

小林が自費出版で世に出したのが『風と雪』とである。それを読むと、恒三と小室がなぜ小林を敬愛し慕うことになったかが分かる。

「過去は古く、過去の人は古い人であるが、それは現在から見てのことで、その古い過去に生きてきた人達も、その当時の現在に生きていたので、その前の時代の人より新しい人達であった。時の流れの中で古くなった人達が死に絶えても、その人達の魂はその文化の中に残って現在に生きている。それをその侭墨守（ままぼくしゅ）しても進歩は無いが、凡ての文化遺産を古いが故に一挙に排撃破砕して新文化を創ろうとしても、無から有は出て来ない。既存のものが無ければ改造も出来ない。古い土台の上にしか新しいものを築くことはできない」

「会津藩は戊辰戦争で、東北盟藩に見捨てられ、西国諸藩に包囲され孤立し、一振の刀槍で大砲に立ち向かい、孤城を守り戦って敗れた。そして幾多の辛酸をなめた末復活した。敗れた国は復活するが亡びた国はその侭である。戊辰戦争は負けると知りながらも戦ったから会津は亡びなかった。抵抗する国は残り無抵抗の国は亡びる。負けても亡びない為には戦わなければならない」

栃木県で生まれ、群馬県で育った小林は、会津人以上に会津人であった。会津への思いは、日本再生への思いでもあり、保守主義の原点が何であるかを説いたのである。小林は恒三や小室に向かって「会津は日本心を燃え立たせる火打石に、闇の荒海に燦然と光芒を放つ責務を負うのではあるまいか」と叱咤激励したのである。恒三も小室も、小林の謦咳に接して、人間として一回りも二回りも成長したのである。

恒三は県立会津高校二年のときに、生徒会の副会長に選ばれた。会長に選出されたのは、後になって会津若松市長になった三年生の桜木幸次であった。恒三は全校生徒の前で堂々と演説をして自分の名前を書いてもらったのだった。

政治的には、恒三は共産党のような左翼とは一線を画した。誰もが左翼になびく時代風潮にあっても、小林の教えを受けていたこともあり、祖国の再生を願っていたからだ。赤旗よりは日の丸であった。恒三は在外同胞救出学生同盟のメンバーとして、復員兵や引揚者を会津若松駅前に出迎え、お茶を出すなどの接待に精出した。

早稲田では雄弁会の幹事長

恒三が早稲田大学を目指すようになったのは、祖父が早稲田大学の前身である東京専門学校を、父親が早稲田実業を出ていたことが大きい。さらに恒三は、小林から「政治家になるには早稲田に入れ」といわれていたために、迷わずに受験した。小林の特訓で英語の力がついたことで見事に合格した。昭和二十六年二月のことである。

恒三は合格発表前に雄弁会の部室に顔を出した。会津高校の一年上で、すでに部員であった奥田英治が案内してくれた。奥田はのちに産経新聞の記者になったが、会津に帰省するたびに雄弁会のことを熱く語ってくれた先輩で、恒三はその場で入部の手続きを終えたのだった。

雄弁会に集まってくるのは、恒三のように、将来の日本の政治を背負って立ちたいと思う者たちばかりで、青雲の志を抱いていたのである。当時の雄弁会のメンバーには、海部俊樹、藤波孝生、小渕恵三、森喜朗らがいた。演説はもとより、人望の点でも他から抜きんでており、昭和二十八年四月には雄弁会の幹事長に選ばれた。

雄弁会の会長は教授が就任することになっており、学生のトップの座が幹事長であった。

早稲田大学では雄弁会の幹事長

そこで培った人脈が恒三の政治生活で役に立ったのはいうまでもない。とくに恒三は、藤波の大言壮語しない、実直な人柄に心動かされた。

雄弁会の仲間の前で藤波は、地元に戻って青年運動に身を投じ、県議会に出て、それから赤絨毯を目指すことを公言していた。鈍行列車の各駅停車で国会を目指すというのだ。

控えめで目立つことが嫌いな藤波の、秘められた闘志に感動したことで、恒三もまた、県議会から国政に挑戦する道を選ぶことになったのである。恒三の人を見る目は確かであった。

早稲田雄弁会主催の政党立会演説会は、昭和二十八年九月三十日に大隈講堂で開催された。恒三は幹事長として、会長の時子山常三郎教授とともに挨拶を述べた。その日のテーマは「次期国会を如何に闘うか」であった。

壇上に立ったのは、自由党の増田甲子七、改進党の竹山祐太郎、社会党左派の勝間田清一、社会党右派の浅沼稲次郎、分自由党の北昤吉、労農党の堀眞琴、共産党は細川嘉六らであった。

開会の辞は副幹事長の藤波孝生、閉会の辞は同じく副幹事長の海部俊樹が担当した。早稲田雄弁会では、恒三の方が藤波や海部よりも先んじていたのである。

「会津青雲寮」が梁山泊に

早稲田雄弁会以外にも恒三は人脈をつくっていった。それが新宿区弁天町にあった会津青雲寮である。戦後間もなく建てられ、約五百坪あった。真ん中に母屋があって周りが長屋のようになっていた。各部屋八畳一間の広さで、炊事場やトイレは共同であった。

会津の熱塩加納村（今の喜多方市）出身で、早稲田大学学生生活課長であった渡部辰巳の持物であった。二十四、五人の大学生たちが暮らしていた。門には石橋湛山の筆になる「会津青雲寮」という看板が掛けてあった。

渡部の早稲田時代の同級生であった石田博英や、読売新聞政治部長であった宮崎吉政も出入りしていた。渡部自身が国会議員になる夢を抱いたこともあるといわれるが、会津にとどまらず、全国から青雲の志を抱いた若者たちが集まってきたのである。

渡部恒三の元秘書で、福島県議会議員の瓜生信一郎は「恒三先生とは十七歳の年の差がありますから、恒三先生は昭和三十年頃まで青雲寮にいられたと思います。私がいたのは昭和四十三年からです」と語る。

瓜生の叔父渡辺衛も早稲田大学大学院で学んでいたとき「会津青雲寮」の住人であった。渡辺が「寮の先輩にすごい人がいるんだ。知らないのか。渡部恒三先生だ」と言うんで、瓜生もためらわずに入ることになった。

恒三と寮で一緒に暮らしたのは会津高校の卒業生が多かった。早稲田大学大学院生の早川廣中、参議院議員を二期務めた和田洋子の兄で、中央大学に在学中だった塩田淳治らである。

塩田は大学卒業後にエスエス製薬に入社してサラリーマンの道を歩んだが、ヘッドハンティングで文明堂役員を務めるなど実業界に進んだ。塩田は面倒見がよく、洋子の夫となる和田光豊は塩田のもとに出入りしていて、恒三と知り合い、それで八田貞義や恒三の秘書から県議会議員となったのである。

まさしく現代版梁山泊であった。何人かが集まれば、恒三を囲んで真夜中まで、酒を飲みながらの談論風発となった。その気風は瓜生が入寮した頃も変わらなかった。

「会津青雲寮」の寮の歌は「汨羅の淵に波騒ぎ 巫山の雲は乱れ飛ぶ 溷濁の世に我起てば義憤に燃えて血潮湧く」の「青年日本の歌」であり、「心猛くも鬼神ならぬ 人と生まれて情けはあれど」の「蒙古放浪歌」であった。全学連の左翼学生が好んで歌う「インターナショナル」や「ワルシャワ労働歌」ではなかった。国を背負って立とうとする者たちの熱い心に共鳴したのである。

就職が決まって塩田が和田を連れて「会津青雲寮」を出て、世田谷区代田のエスエス製薬の同僚が所有していたアパートに移ると、今度は会津坂下町の後輩たちが続々と集まってきた。そこにはレストラン赤べこの五十嵐周二、日本大学獣医学部在学中の折笠義則らもいて、そのメンバーもまた恒三派の一翼を担うことになったのである。

鳩山の友愛青年同志会に参加

政治的には、早稲田大学時代の恒三は鳩山一郎に私淑し、鳩山が立ち上げた友愛青年同志会の運動に加わった。「会津青雲寮」や早稲田大学から文京区音羽の鳩山邸が近かったこともあって、恒三は足繁く通うようになったのである。

友愛青年同志会は昭和四十八年に友愛青年連盟に名称を変更したが、鳩山はリヒャルト・クーデンホーフ・カレルギーの思想に共鳴して、友愛精神を掲げた国民運動の先頭に立った。恒三は昭和二十九年四月二十九日、東京の日比谷公会堂での結成大会では、早稲田大学を代表して演説をしている。

カレルギーの母親が日本人であることから、なおさら鳩山は親近感を抱いたようだ。父親のハインリッヒ・クーデンホーフは、オーストリアの駐日代理公使を務めた人物である。骨董が趣味だったことから、麻布一ノ橋の青山骨董店に出入りするようになり、そこの娘であった青山光子と結ばれた。ハインリッヒが帰国することになったので、光子は生まれたばかりのカレルギーをともなって、日本を離れたのだった。

カレルギーの『人間対全体主義国家』では、共産主義に対抗するために、友愛主義の必要性を説いた。日本版では『自由と人生』という本の名前になり、鳩山自身が翻訳にあたった。「民主主義というものは、自分の自由と自分の人格の尊厳を尊重すると同時に、他人の自由と他人の人格の尊厳をも尊重する思想が基礎にならなくては、成立しない。従来、世界の歴史上、平等のための革命と自由のための革命はあったけれども、友愛のための革命は存在したことはなかった。しかし民主政治のためには、どうしても友愛革命が必要である」

鳩山は「自由主義とデモクラシーの精神が本当に世界の各民族に理解され、この主義、この精神を維持強化することに各国民が協力するようにならねば、平和の世はただ夢に終わるのではなかろうか」(『訳者の言葉』)という危機意識をもっており、場当たり的ではない精神的なバックボーンを、戦後の日本に根付かせようとしたのだ。

カレルギーは「ロシアはヨーロッパの征服を、アメリカはその購入を欲している」との現状分析を踏まえて「一方ロシアの軍事的独裁、他方アメリカの財政的独裁の大危険の間に、よき将来に導く唯一の狭小なる道がある。この狭い道を称してパン・ヨーロッパと言い、それは政治的、経済的目的の団体にヨーロッパが結合することによるヨーロッパの自助を意味するのである」(『パン・ヨーロッパ』鹿島守之助訳)と主張した。カレルギーはパン・ヨーロッパ運動の提唱者として知られ、EUの生みの親なのである。

昭和二十一年の第二十一回衆議院総選挙では、鳩山が総裁の日本自由党が第一党になったが、首相指名の目前のときに、占領軍が横槍を入れ公職追放の身となった。なぜ鳩山が追放されたかという裏話を、細川隆元が『隆元のわが宰相論』で書いている。

細川が朝日新聞の編集局長だったときに、鳩山に「これからの日本の政治」という論文を書いてもらった。そこでの鳩山の「原爆で日本がこういう破壊をこうむった責任はアメリカにある、だからその損害の補償ぐらいはアメリカがすべきではないか」という一文が占領軍の逆鱗に触れたのである。

朝日新聞が三日間の発行停止をくらった出来事で、鳩山は占領軍による言論統制の被害者であった。それと同時に、鳩山が反共の闘士でもあったために、ソ連が追放をアメリカに迫ったといわれる。

軽井沢で隠遁生活をするようになった鳩山は、カレルギーの本を手にしたことで、それまで同様に反共にこだわりつつも、アメリカ追随ではない日本をつくるには、パン・ヨーロッパと同じく、パン・アジアという構想を抱くにいたったのだ。

恒三は友愛運動を広めるために、知り合いを勧誘した。とくに会津青雲寮に入っている者たちには、かたっぱしから声をかけた。早川廣中も声をかけられた一人で、早稲田の大学院生で時間があったために、鳩山邸の地下にあった友愛青年同志会の事務所を手伝うようになった。

早川は「当時私は早稲田大学の大学院に通っていましたが、授業は午前中で終わりましたから、毎日のように顔を出しました。本ばかり読んでいるのと違って、政治は生き物というのを学びました。見るもの、聞くものすべてが新鮮でした」と回想する。そこでの経験は恒三にとっても、政治家になるための肥やしとなったのである。

吉田茂が昭和二十九年に政権の座を去ると、昭和三十年の日本民主党と自由党の保守合同によって、鳩山一郎は初代の自民党総裁となったが、健康を害したこともあって、政治的には不遇であった。昭和三十一年の日ソ共同宣言をまとめ日ソの国交回復は実現したが、日本の独立という観点から、憲法を改正するという公約は果たせなかった。

友愛青年同志会のメンバーであったことで恒三は、音羽の鳩山邸に頻繁に出入りしていた。小学生だった由紀夫や邦夫にも声をかけたことがあった。そのときの縁で、恒三は鳩山兄弟と政治的にも結びつくことになったのである。

政治学者吉村正の門下生

恒三は卒業後もしばらく早稲田大学に残った。政治学の勉強がしたくて、大学院に進み、吉村正の研究室に入ったのだ。吉村は太平洋戦争前に欧米に留学しており、大学院生として恒三は、政治を学問として探究したのだった。

吉村の学問は妥協を許さず、付いて行くのは一筋縄ではないといわれていた。それでも恒三は、マッケンジーの『イギリス議会　その歴史的考察』（福田三郎監訳）などで、イギリスの議会政治がどのようにして生まれたかを研究したのである。

マッケンジーは「日本語版へのまえがき」で「権力は腐敗する傾向がある。絶対的権力は、絶対的に腐敗するものである」とのアクトン卿の言葉を引用し、議会政治が成り立つには、政権交代が不可欠であることを主張した。

「議会は、イギリスに於て裁判所として始まった。一二五八年、バロンたちがオクスフォードに於て要求した改革は、国家の重要問題は議会に於て決定されるべきこと、そして、議会は年に三回開催されるべきことの二点であった。それは、議会というものが誤りを正す場所であり、政府の責任を問い得る場所であったからである。つまり、議会の存在するところでは、政府は暴力に訴えることなく交替し得るのである。バークの言葉によれば『何らかの交替手段を欠いた国家は維持の手段を欠いているのである』」

このことを学んでいたからこそ、恒三は自民党を離れる決断をすることができたのだ。権力闘争で追い詰められたからというのは、あくまでも小沢一郎の問題であって、恒三には、議会政治を機能させるために、「二大政党を実現する」という確固たる信念があったのである。

古島一雄と石橋湛山に傾倒

政治家との交流で特筆すべきは、大学院生の恒三が世田谷経堂の古島一雄邸を訪問していることだ。戦後すぐに幣原内閣が成立するにあたって、幣原喜重郎本人から入閣を要請されたのを断り、鳩山一郎が公職追放になった日本自由党総裁の後釜に、吉田茂を据えた大物政治家である。

ワンマン吉田茂に物申すことができた唯一の人間だといわれる。その古島から恒三は「私心を去れ」と言われたのである。古島はすでに八十歳は過ぎていたはずで、初めて会った若者に、政治家としての心構えを説いたのだった。

『戦後日本思想体系7 保守の思想』には古島一雄の「書簡」が掲載されており、そこには簡単な経歴が紹介されている。

「兵庫県に生まれる。政治家。杉浦重剛に師事して日本主義の教育を受ける。一八八八年(明治二一)三宅雪嶺らの反欧化主義雑誌『日本人』『日本新聞』記者となる。一九〇八年、衆議院議員に当選して政界入り。終戦後、幣原内閣の組閣に当って入閣の要請を受けたが固辞する。名利に淡く、在野の一政治家として一貫した典型的『党人』政治家であった」

欧米通であった吉田茂を古島が支えたのは、しっかりした哲学があったからで、政治家にとっては何が大事かを、党人派の政治家である古島の口から恒三は直に聞くことができたのである。

恒三にとっては、政界への関心も並々ならぬものがあった。早稲田大学の先輩で、積極財政論者であった石橋湛山の選挙運動を手伝った。静岡県の選挙区に出かけて行って、学生服のままマイクを握ったのである。

「小日本主義」を主張したのが石橋であった。帝国主義的な政策に反対し、「小日本主義」に徹することのメリットを訴えたのである。敗戦後の日本経済が順調であったのは、石橋の経済政策が的を射ていたからである。昭和二十一年五月の第一次吉田内閣では大蔵大臣に就任し、七月の財政演説で重要産業の復興のための積極財政を唱えた。

これを受けて十二月には吉田内閣が「石炭と鉄鋼の超重点的増産」を主眼とする経済危機突破対策を決めた。石炭と鉄鋼のために資金を傾斜的に投入することから、「傾斜生産」と呼ばれ、その効果によって日本が復興の軌道に乗ることができたのだ。

石橋は昭和二十二年の総選挙で初当選したが、ＧＨＱによって公職追放の憂き目にあった。石橋が異を唱えることが多かったので、ＧＨＱから睨まれていたのだ。公職追放が解除になったのは昭和二十六年のことである。

石橋は早速、鳩山一郎を総裁とする日本民主党の結成に尽力。昭和二十九年十二月に発足した鳩山内閣の誕生に尽力した。昭和三十年十一月には保守合同で自由民主党が結成され、鳩山の病気引退にともなう総裁選が行われることになり、石橋が立候補をした。昭和三十一年十二月のことである。

一回目の投票では一位が岸信介、二位が石橋湛山、三位が石井光次郎であったが、石橋支持の石田博英と石井支持の池田勇人が画策し、二位三位連合が成立し、わずか七票差で石橋が勝ったのだった。

石橋は昭和三十二年二月に健康が悪化して総辞職を余儀なくされたが、アメリカとの関係を重視する吉田茂の路線を引き継いだのが後継首相に就任した岸信介である。

正村公宏は『世界史のなかの日本近現代史』において、石橋について「外交では対米自主・軽武装・日中関係の改善、内政では福祉国家建設のための積極財政を提起した。しかし、石橋の病気のために五七年（昭和三十一年）二月に辞職した。自由民主党のなかの中道派・改革派による実験の機会は失われた」と残念がった。吉田から岸、池田へと受け継がれた自民党ではなく、もう一つの自民党の可能性に言及したのである。

南会津から日本一若い県議

恒三はその総裁選の前に、地元の福島県の二区から当選したばかりの八田貞義を訪ねて、石橋への投票を依頼したのだった。その時点では、まだ恒三は早稲田大学の大学院生であった。

恒三は「八田先生は石橋湛山と書いて投票してくださった。それが縁で、僕は八田先生の選挙を手伝うことになって、次の選挙のとき会津に帰った」（『政治家につける薬』）と述べている。

これをきっかけに、恒三は政治家になる準備を進めることになった。まず念頭にあったのが県議会議員になることであったが、その前に弟分の和田を引き連れて、昭和三十一年十月から恒三は秘書として八田に仕えた。

八田は当時日本医科大学教授の職にあり、政治家になるつもりは微塵もなかった。自由党現職の河原田嘉吉が急死したことで、急きょ担がれたのである。政友会の代議士であった父の八田宗吉は、大正六年四月二十日の第十三回衆議院総選挙から連続八回当選した郷党の政治家であった。

八田家の地盤と看板があったので、前年二月二十七日投開票の第二十七回衆議院総選挙で見事初当選を飾ったが、政治の世界は門外漢であった。

若い恒三の方が政治については指南役であった。八田は通算九回中選挙区時代に福島二区で当選した。多くの秘書が仕えたが、渋谷の代々木上原の八田の自宅に自由に出入りでき、家族と一緒に食事ができたのは恒三だけであった。

たまたま隣りにペギー葉山が住んでいたので、恒三はペギー葉山と親交を結ぶことになった。ペギー葉山は大東亜戦争中に、南会津町田島の旅館「丸山館」に疎開していたことがあった。恒三の実家の味噌醤油屋のことを知っていたので、なおさら話が弾んだのである。ペギー葉山の母方の祖父は、会津藩士で白虎隊の一員として戦ったともいわれる。

八田の秘書になってから二年もしないうちに、県議会に出ないかという話が持ち上がってきた。二十五歳の若者に期待する声が、南会津全域から澎湃（ほうはい）と起こったのである。雄弁会の先輩で、県議会議員から代議士に当選したばかりの早稲田大学の先輩竹下登に相談すると、「頑張れ」と恒三を励ましてしてくれた。

それで恒三は決心を固め、昭和三十四年四月二十六日の福島県議会議員選挙に出馬し、接戦ながら初陣を飾った。定数二の二番目に滑り込んだのだ。次点の候補者との差は、わずか四一七票であった。弱冠二十六歳で、日本で一番若い県会議員が誕生したのである。

当選するまでは順風満帆ではなかった。親戚からは猛反対された。実家の長兄から「家にいてもらっては困る」と言い渡された。勝てるかどうかも分からない選挙に挑戦するというのは、あまりにも無謀に思えたからだろう。

仕方なく恒三は友人の家を転々とすることになったが、それでも当選できたのは、南会津連合青年会の大山昭雄会長らのバックアップがあったからだ。大山から「南会津のために県議会に出て下さい。あなたしかいません」と言われて、恒三は胸が熱くなったのだった。

南会津の若い人たちが立ち上がったのである。丸井建設の小寺荘平が事務所を、東邦土建の星徳がジープを提供してくれた。自民党の公認候補ではなく、無職属であったことも逆に功を奏した。

自民党現職の一角を崩すことができたばかりか、革新票まで掘り起こし、社会党候補を振り切ることができたのだ。恒三の勝因は、当選するために頭を下げて回ったのではなく、南会津の人たちが念願していた夢を公約に堂々と掲げたことだ。若い候補者らしく政策で勝負したのである。

一期目で福島県議会の実力者に

妻は南会西部の只見出身者

南会津は東部と西部に分かれている。東部は下郷町、田島町（現在の南会津町）であり、西部は只見町、南郷村（同）、舘岩村（同）、伊南村（同）、檜枝岐村であった。駒止峠が雪で通れなくなると、東部と西部は往来ができなくなる。それを通れるようにするというのは、南会津の人たちの切なる願いであった。

とくに西部の場合は、冬期間陸の孤島と化してしまうのである。恒三が「トンネルを通すために頑張ります」と訴えたために、西部の只見町で予想していた以上の票が出たのである。具体的な政策で勝負したことが有権者に受け入れられたのである。

駒止トンネルが開通したのは、恒三が代議士になってからで、昭和四十五年五月に調査が開始され、昭和五十年九月八日に起工式が行われ、竣工したのは昭和五十七年十一月十二日であった。

恒三は選挙前に「一番票が出たところからお嫁さんを貰いたい」と語っていたが、その個人的なレベルの公約も果たした。只見町生まれの齋藤二三子を生涯の伴侶とすることになったからだ。

二人の結婚の縁結びをしたのは大竹作摩であった。福島県議から知事となり、二期務めてから衆議院議員になった。大竹は県議会議員時代に恒三の父親と議席が隣り合わせであった。知り合いの息子だというので、とくに眼をかけてもらったのである。

東京原宿のマンションに住んでいた大竹から二三子に「ちょっと来ないか」と電話がかかってきて、そこで恒三と引き合わされたのだ。ただそこで二人が面と向かって会話したわけでもなく、何のために呼ばれたかも分からなかったという。二三子は、歯科医になるため日大歯学部に在学中の身であった。

それ以前、恒三が会津高校三年、二三子が会津女子高校一年のときに二人は会津若松市内の「三星荘」で会っていた。只見町出身の会津女子高校の教師がそこに下宿していたので、その教師の家の人に頼まれて二三子が荷物を届けに行ったら、たまたま恒三がいたのである。「坊やのような人だ」というのが二三子の第一印象であった。高校三年生という感じではなく、中学三年生くらいに見えたのだという。

二人が引き合わされてから、積極的にアプローチをしたのは恒三の方であった。デートの最中に、大勢の人がいる喫茶店で「結婚してください」と恒三が大声を張り上げたこともあったが、二三子はすぐに結婚を承諾したわけではなかった。

二三子は「私は政治家の奥さんにはむかない。どう考えても人と喋るのも嫌だし」と一年近く突っぱねていた。祖父の齋藤辰三郎が郡会議員、父の齋藤四朗が朝日村長を四期務めたこともあり、政治家の家族が大変であることは、誰よりも知っていたからだ。朝日村は昭和三十四年八月一日、兄見町に編入されたが、賛成反対で村を二分する騒ぎになり、自殺者まで出たのだった。

県議会議員としての活動が忙しいので、たまにしか恒三は上京しなかったが、二三子が大学を卒業する直前に突然、恒三が電話をかけてきて「お見合いしたい」と言ってきた。二三子も「私もしたい」と意見が一致した。気分を変えてお見合いのようなことをしようというのである。

いつものように喫茶店で待ち合わせをし、さてこれからどうしようということになり、二三子が「見合いというのは歌舞伎座かなんかにいくんですよ」と言ったら、恒三が「分かった芝居見に行こう」ということになり、二人して辰巳柳太郎の新国劇を見た。そうしているうちに徐々に結婚に向かうことになったのである。

若くして県会議員になったにもかかわらず、身なりもかまわず、会津弁が抜けない、そんな恒三に二三子は心惹かれたのだった。恒三の朴訥さは会津人特有のものであり、そこに一本芯が通っているから会津っぽなのである。

二人は昭和三十六年五月十五日に結婚した。歯科医となった二三子は、それ以降現在まで、恒三からは一銭の金も受け取らず、政治家として大成することを願って、夫を支え続けた。一粒種の恒雄も立派に成長し、東北大学歯学部を卒業後、国際政治を勉強するためにアメリカに留学し、現在は笹川平和財団上席研究員の職にある。また、恒三の母である喜伊が平成二十二年九月二十一日に百六歳で亡くなるまで、二三子は実の親子のように仲良く暮らしたのである。

失意の浪人時代を経験

恒三は昭和三十八年に県議選で再選を果たし、自民党福島県連の政調会長に就任した。将来を期待される若手として、国会議員も視野に入り始めた。恒三は県議会議員で満足するわけにはいかなかった。竹下登から「国会議員になるならば、県会議員は二期まで」と釘を刺されていたからだ。人を押しのけてという気持ちがついつい表に出てしまい、つくらなくてもよい敵をつくることになった。

八田派の選挙違反が摘発され、関係者として恒三も有罪判決を受けた。それからしばらくは浪人生活を送ることになった。八田派の県会議員は恒三以外にもいたが、大番頭として采配を振るったことで、責任を一身に背負う羽目になったのである。

しかし、そこで挫けるような恒三ではなかった。南会津に戻った恒三は、一から出直して再起を期したのである。南会津の仲間たちは、政治家渡部恒三を見捨てはしなかった。田島農協組合長、南会津農協組合会長となった恒三は、以前にも増して会津や県南をきめ細かく歩いた。

岡部俊夫の『知事選福島夏の陣佐藤、斎藤の決戦』という冊子がある。昭和四十三年八月二十五日発行で、発行所は会津若松市湯川町、渡部恒三政治経済研究所となっている。なぜその本が世に出たかというと、国政を目指すにあたって、恒三が県政にどのようにコミットしたかを知ってもらいたかったのだろう。

昭和三十二年八月二十五日投開票で行われた第四回福島県知事選挙では、農協をバックにした佐藤善一郎が、自民党公認の斎藤邦吉知事を破った。労働省事務次官経験者の斎藤が敗れるという思いもよらない結果となったが、その後斎藤は代議士となり、厚生大臣や自民党幹事長などを歴任している。

自民党県議団が分裂したことが選挙結果にも影響したが、そこで恒三は斎藤の応援弁士として名を馳せた。岡部は「八田の秘書渡部恒三は、まだ早大の学生だったが、山下（春江）らといっしょに斎藤を応援して回ったものである」と書いている。会津青雲寮の仲間である塩田淳治や和田光豊らも駆り出され、選挙戦では恒三グループの存在がひときわ目立ったのだった。山下は日本初の女性国会議員の一人で、福島二区選出の代議士である。

さらに、その二年後の県議選で恒三が初当選を果たしたことや、その県知事選挙以後の県政界のことも詳しく記されている。岡部がその冊子を書いたのは、恒三という政治家をこのまま埋もれされてはならないという思いがあったからだろう。

昭和三十九年五月の第六回福島県知事選挙で自民党公認の木村守江が当選した。その本が出た時点では二期目に入っていた。恒三が新たなチャレンジをするには、県政会、とりわけ木村知事との太いパイプを強調する必要があったのだろう。

政治家としての資質は抜群

政治家として優れた資質を持っていた恒三は、マスコミ関係者からも高く評価されていた。岡部のように、応援団を買って出るジャーナリストも少なからずいたのである。

恒三の能力を認めていた岡部であっても、昭和四十二年発刊の『続・われら奥州特派員』では、全く手加減をしなかった。選挙違反で捕まったことを詳しく解説したからだ。それでもなお、岡部は恒三の再起を期待していた。恒三を励ます文章を書くことも忘れなかったのである。

「とにかく、渡部恒三事件は、いろいろな波紋を投じた。本人はもちろん、県民にとっても不幸な予期せざるできごとだったが、恒ちゃんファンは多い」との感想を述べながら、「木村守江知事がかつて参院選挙でただ一度落選の苦杯をなめたさい、猛烈に勉強して医学博士の学位をとった例もある。しばらくの政界ブランクは惜しいが、若さにものいわせてやがてみごとにカムバックしてくれるだろうと信じている」とエールを送ったのである。

岡部は、昭和四十一年八月二十日発行の『われら奥州特派員』の最後の章で、岡部メモとして、県議会議員六十人を採点している。「党および議会活動」「知性」「行動力」「人望」「実績」の合計で百点満点として点数を付けた。そこでのトップが渡部恒三と佐川幸一の七十四点であった。佐川は昭和三十八年五月から昭和四十年三月まで県議会議長を務めた実力者であった。

岡村は『福島県議会演説集』もまとめているが、そこにも恒三の代表質問の全文が掲載されている。昭和三十八年の二月定例会での演説で、恒三は「経済効果一辺倒の公共投資というものは、地域格差をさらに厚くするということが心配になる」と批判するとともに、豪雪地帯である南会津の窮状を訴えたのである。

また、恒三は「農業団体の近代化」について言及し、「農業団体を維持するために農協があったり、あるいは農民があるという姿は断じてあってはならない」とまで言い切ったのである。

恒三は機構改革についても踏み込んだ発言をした。「肝心の合理化、事務の簡素化、行政のスピード化、二重行政の廃止というような二百万県民福祉の問題に手を触れないで独善性、責任回避、セクト主義、現状主義、この牙城の中で二百万県民の利益を守る責任は、佐藤知事に課せられておる県政の最大の課題でもあると思うが」と厳しく批判した。

知事選で自分が応援した齋藤邦吉が落選したので、腹いせからそうした発言をしたのではなかった。なれ合いと癒着の政治を終わらせようとして、野党以上に執行部を厳しく追及したのである。

そこまでやれる政治家を埋もれさせておくわけにはいかないというので、岡部は『続・われら奥州特派員』において「渡部さんの前途をうらなうと、まず若さからみて『くもりのち晴れ』の明るいケが出てきそうだ」と太鼓判を押したのである。

第三章　東北のケネディとして国政へ

昭和44年の衆院選挙初当選のころ　令和2年8月25日福島民友新聞掲載

昭和四十四年十二月二十七日投開票の第三十二回衆議院総選挙で、無所属新人の恒三が当選するのは無理だと思われていたが、予想に反して、定数五の福島二区で五番目で当選した。会津から立候補した自民党公認で前職の八田貞義、同じく自民党公認の元職の伊東正義は当選がほぼ確実視されていた。八田は父宗吉以来の会津地方の素封家の支持を受けていた。会津の自由党、政友会の流れをくむ名門である。

第三十一回衆議院総選挙で、二期目を目指した伊東が落選するという番狂わせがあった。その雪辱を晴らすために、伊東の支持基盤である農業団体などがフル稼働していた。

NHKの開票速報で、自民党本部に陣取っていた幹事長の田中角栄が、アナウンサーに向かって「渡部恒三君を公認しなかったのは、我々の間違いでした」とコメントした。

今のように出口調査で当落が判明することはなかったので、最後まで目が離せなかったが、南会津で他候補を圧倒するとともに、白河市、須賀川市などの県南でも、万遍なく票を集めた。

幸いしたのは、自民党公認の伊東正義が十万を超える大量得票をしたからである。とくに会津若松市や喜多方市では他の候補を寄せ付けなかった。それで当選ラインが下がったのである。社会党前職の野口忠夫と唐橋東は、それぞれ県南と会津を地盤にしていたが、票割りをしたことで、かえって票の上積みができなかった。

恒三は地盤とする南会津から票があいたので、都市部での票で追い上げられることになったが、県南で予想を上回る善戦をした。次点の野口とは三千五百票以上も開き、堂々の初陣を飾ったのである。

恒三が開票速報を見守っていたのは、会津若松市栄町の梅屋敷旅館においてであった。一緒にいたのは、千葉商科大学助教授の早川廣中、大沼郡金山町に本社のある谷ケ城建設の谷ケ代力三郎社長であった。

会津若松市役所に近い繁華街であり、竹田病院近くの選挙事務所からは離れていた。これは行けるぞと思った瞬間、三人はすぐに選挙事務所に向かったが、すでに人だかりができていた。

テレビのカメラが据え付けられ、新聞記者のカメラのフラッシュがたかれた。詰めかけた支持者は若者が多く、ダルマに目を入れる前から万歳の声が上がり、昭和生まれの代議士の誕生にヒートアップした。

大方の予想では当選は難しいと思われていただけに、最初は事務所内もまばらだったが、NHKから「当確」というニュースが流れると、支持者が続々と集まってきて、恒三はもみくちゃにされながら喜びをかみしめていた。

恒三は『水芭蕉日記　国政十二年の歩み』で、苦しかった浪人時代を振り返り、「貧しい人達、恵まれない人達、弱い悲しい立場の人達に捧げる無限の愛情と謙虚な姿勢こそが、政治家にとってもっとも大切にしなければならないモラルだと思う」と書いている。

県議時代の恒三に気負いがなかったといえば嘘になるだろう。三十代で赤絨毯を踏むためには、いくら年齢が若くても馬鹿にされてはならない。一目も二目も置かれるような人間にならなければと思ったはずだ。

早稲田の先輩である石田博英が恒三を焚付けたともいわれるが、鼻をへし折られたことが、恒三には薬になったのである。恒三の反省の弁は、会津の人間らしく謙虚である。

「知事のブレーン、あるいは若い政調会長として福島県庁にいたときの私は、幾度か、真剣な陳情団の人達に心ない発言をしてしまったことがあるが、今でも悔やまれてならない。人間の弱い心は、どうしても得意絶頂のときは奢りたかぶるし、立場の悪いときには卑屈になってしまう」

若いパワーがフル回転

若い恒三を国政に押し上げたのは、福島二区の若者であった。それも二十代が多かった。失意のどん底にあった恒三を励まし、実際に衆議院の選挙戦を仕切ったのは古川洋一郎であった。

古川が恒三と初めて会ったのは、衆議院議員会館の八田貞義の部屋であった。恒三が県議会議員になる前で八田の秘書であった頃である。福島農業会議の職員であった古川は、池田内閣から本格化した農業改善事業に関心を抱いていたので、衆議院議員会館の八田の事務所に顔を出すようになったのである。

恒三がすぐに県議会議員になり、二期目には自民党県連政調会長として県政の中心で頑張っているのを見て、古川もまた政治の世界に興味を持つようになったという。恒三が政治の世界に飛び出したことで、後に続く若者が次々と現れたのである。

古川は昭和四十三年には、木村守江の二期目の知事選挙で福島県内を一運動員として飛び回ったほか、自民党公認の鈴木省吾の参議院選挙にも関係した。恒三が国会の赤絨毯を踏むためは、国政選挙の場数を踏んだ古川の力が大きかったのである。

浪人中で一時は失意のどん底にあった恒三を見た古川は「三十代初めの若い政治家をこのまま埋もれさせてはならない」と思ったのだった。古川自身がまだ二十代半ばであったわけだから、今の時代には考えられない。古川と行動を共にして、恒三派の重鎮となったのが、会津ダストセンターの一重準之助であった。

恒三の衆議院の初挑戦の際には、古川は自民党県連事務局長の職にあったにもかかわらず、無所属であった恒三を全面的に支援し、結果的には福島県二区で自民党が五議席を独占する金星を射止めた。

会津青雲寮に入っていた大学生やそのOBもフル稼働した。公示直前には「渡部恒三先生励ます会」を大隈会館で開催した。そこで恒三は「こんなことをやってくれるのは君たちだけだ。必ず当選してみせます」と熱弁を振るったのだった。

恒三が当選すると、会津青雲寮挙げて祝賀会を開催した。恒三が地元民に出すハガキの宛名書きなどは、入寮中の大学生たちが受け持った。そうしたボランティアは平成八年に閉所するまで続いたのである。

会津高校の後輩である江花継夫も会津の地元で飛び回った。若松市長や衆議院議員を歴任した江花静の息子で、若い人が次々と集まってきたのは、江花の功績が大きかった。「江花軍団」と呼ばれ、メンバーには幸楽苑の新井田傳、会津通運の渡辺泰夫、塚原金物の塚原紘治、会津東宝の吉川三郎らがいた。

磐梯町長を五期務め、恒三の最期を看取った側近中の側近である鈴木政英は「江花軍団」には属していなかったが、兄の鈴木源英が早稲田大学で恒三よりも一つ先輩であった。恒三のことを「政治家として大物になる」とよく口にしていたため、名前だけは知っていた。会津高校の同級生の江花が声をかけてくれたので、一回目の総選挙から恒三派の主要メンバーであった。

会津在住の早稲田大学関係としては、恒三よりも一つ後輩の荒木呉服店の荒木栄一もいた。恒三の会津高校の同級生、先輩、後輩の支援の輪も広がった。東山温泉の向滝の平田昇、本郷焼の宗像亮一、栄川酒造の宮森久治、磐梯カントリーの猪俣昭洲らが選挙事務所に顔を出した。

南会津郡以外の首長として、三島町長の佐藤長雄が唯一人恒三のためにマイクを握った。佐藤は前年九月に就任したばかりであったが、党派や派閥とは無関係に恒三を応援した。佐藤が昭和四十九年からふるさと運動に着手し、都会に住む人たちに三島町を「ふるさと」にしてもらうアイディアを実行に移すことができたのは、恒三の協力があったからなのである。

秘書は県知事や県議会議員に

当選時の東京の秘書は、下郷町出身の甥の佐藤雄平と会津坂下町出身の大竹俊朗であった。そこに熱塩加納村出身の瓜生信一郎が加わったのは、昭和四十七年のことであった。その三人が恒三の政治家生活を支えた。恒三の妻二三子は会津で歯科医院を経営しているので、時たましか上京しなかったからだ。

炊事洗濯買い物と秘書が手分けしておこなった。まるで合宿生活であった。秘書になりたての頃の瓜生は、恒三を送り迎えする運転手もこなした。瓜生は当時のことを思い起こして「恒三先生は日々の生活のことには口出しすることはありませんでした」と語る。ただ、驚いたのは、歴史上や出来事や人物のことを色々と質問してくることだった。

瓜生は「天勾践(てんこうせん)を空しうすること莫(なか)れ、時に范蠡(はんれい)無きにしも非ず」という言葉に関して質問されて、「それも知らないのか」と恒三に呆れられたことが忘れられない、と述懐する。勾践とは越の王である。その言葉は「天は勾践を殺してはならない。范蠡のような忠臣が出ないこともないから」という意味である。忠臣児島高徳がひそかに桜の幹に書き記し、隠岐に流される後醍醐天皇に、自らの心中を告げたという故事で、『太平記』に出てくるのを知っているかどうか聞いたのである。

瓜生は恒三と生活を共にしたことで、日本の歴史を学ぶことができ、それが自分の政治家としての糧になったという。単なる合宿ではなく、それはまさしく「恒三塾」なのである。

塙町出身の白石卓三が東京事務所を手伝うようになったのは昭和五十一年になってから。父親が倒れたために急きょ会津に瓜生が戻ることになったのは、昭和五十六年のことであった。そのときからアルバイトに来ていた船引出身（現在の田村市）の遠藤実が秘書の一員となった。恒三と秘書は一緒に釜の飯を食う同志であり、そこで自然と身内意識が培われたのである。

会津北部の熱塩加納村（現在の喜多方市）に戻った瓜生は、地元の秘書として働くことになった。恒三は喜多方市に事務所を開いた。会津北部の耶麻郡や喜多方市は、古武士然とした県議会議員の山口一男がいて伊東派の牙城であった。そこに楔を打ち込もうとしたのである。

恒三が代議士の成り立ての頃は、恒三派を名乗っていた県議会議員は、恒三の身代わりで当選した南会津郡選出の飯塚岩夫だけであった。恒三陣営には政治家を目指す若者が多かっただけに、秘書を中心に次々と県議会選挙に挑むことになった。

先陣を切って会津若松・北会津選挙区の古川洋一郎と河沼郡選挙区の和田光豊が昭和五十年に当選した。古川は四年前の選挙で敗れた雪辱を果たしたのだった。会津の中心地である会津若松市で、恒三派の県議会議員が誕生したのである。また、和田は八田派の金城湯池であった河沼郡選挙区での勝利であった。

その後は昭和五十四年に耶麻郡選挙区から山口博続が当選。西会町長に鞍替えしたために、代わって瓜生信一郎が昭和六十二年に議席を獲得し、恒三が弱いといわれていた会津北部に橋頭保を築いた。この時点までは恒三派の県議会議員は自民党に属していた。

平成七年には杉原稔が大沼郡選挙区で、渡部勝博が南会津郡選挙区で、白石卓三が東白川郡選挙区でそれぞれ当選した。このときは三人とも無所属で、杉原は現職の杉本憲司と会津渡部英敏（現在の会津美里町長）を破った。白石は三度目の挑戦で議席を手にした。平成十一年には田村郡選挙区で安瀬全孝が当選し、県議会において恒三は着々と勢力を拡大したのである。

惜しまれてならないのは、和田光豊の早すぎる死である。昭和五十二年十二月三日に文書違反の公職選挙違反で辞職し、公民権停止の期間を経て昭和五十八年の選挙で返り咲き、昭和五十八年、六十二年と当選を果たしたものの、昭和六十二年十月二十四日に病気でこの世を去った。恒三にとってかけがえのない弟分であっただけに、恒三派にとっては大打撃であった。

弔い合戦の補欠選挙で妻の和田洋子が当選した。一期目二期目とも自民党公認であったが、平成五年に離党した。平成七年には自民党公認の小澤隆に敗れて三選は果たせなかったが、同年七月の第十七回参議院通常選挙に急きょ新進党公認として担ぎ出され、福島県選挙区に立候補して初当選を飾ったのである。

古川と和田洋子を除けば全て恒三の秘書ばかりである。衆議院在任中に、これだけの人材を県議会に送り出したのである。このうち自民党公認で選挙に出たことがあるのは、古川、山口、瓜生までであった。白石は二期目からは自民党公認となり、恒三から袂を分かつことになった。

恒三の甥で秘書一筋に生きてきた佐藤雄平が第十八回参議院通常選挙で当選したのは平成十年のことである。無所属で民主党、社会民主党、公明党から推薦を受けての出馬であった。平成十六年の第二十回参議院選挙では民主党公認で再選を果たし、平成十八年には佐藤栄佐久の辞職にともなう福島県知事選挙に、民主党、社会民主党推薦で立候補し、自民党推薦の森雅子を破って、第六十二代、六十三代の知事を務めた。

恒三は福島県や会津地方の郷党の政治家でもあり、地元のために何ができるかを常に念頭に置いていた。佐藤雄平や杉原稔に関しては、「政治家にはしない」と恒三自身が公言していたにもかかわらず、地元民から出馬を求める声が上がると、それに応えて政治家の道を歩ませることにしたのである。

自民党近代化の旗手に

代議士になった恒三が取り組んだのは、自民党の近代化であった。二大政党制が定着していないなかにあっては、自民党を変えるしかなく、党内のヤングパワーに期待が集まっていたからだ。

恒三と同じ昭和四十四年の初当選組には、早稲田大学雄弁会の仲間としては、松永光、森喜朗らがいた。それ以前にすでに、早稲田大学雄弁会出身者としては、海部俊樹、西岡武夫、小渕恵三、藤波孝生らがバッチを付けていた。いよいよ恒三は国政の場で、政治家としての力量を発揮することになったのである。

恒三が日本中に名前を知られるようになったのは、昭和四十七年の自民党総裁選での田中角栄の側近としてであった。もともと角栄は佐藤派に属し、保守本流の一翼を担っていた。岸信介、池田勇人、佐藤栄作と続いた官僚出身の政治家ではない角栄の人気は、国民の間で圧倒的なものがあった。

その行動隊長として、恒三は注目を集めるようになったのだった。無派閥田中派を自称していた恒三は、水を得た魚のように飛び回ったのである。

佐藤栄作は自民党総裁選で四選を果たしてからは、急速に求心力を低下させた。とくにそれが顕著になってきたのは、昭和四十七年三月二十七日の誕生日を過ぎたあたりからであった。佐藤内部での角栄支持派と福田赳夫支持派の綱引きが始まったからである。

いよいよ恒三の出番が回ってきたのだ。田中派の旗揚げは同年五月九日のことであった。柳橋の料亭いな垣に集まった国会議員は、衆議院と参議院を合わせて八十一人に達した。恒三や小沢辰男は無派閥からの参加になったが、佐藤派の三分の二近くが田中派を名乗ることになったのである。

そこには二階堂進、亀岡高夫、木村武雄といった自民党の重鎮ばかりでなく、小渕恵三、橋本龍太郎、山下元利、小沢一郎、羽田孜、奥田敬和、石井一、綿貫民輔、梶山静六らの姿もあった。

党の近代化を訴える恒三は、そもそも佐藤の四選には反対であった。自民党のなかで切磋琢磨しなければ、国民から見放されるとの思いが恒三にはあった。権力闘争を是とするわけではないが、多様化する国民の要求を自民党が代弁するには、党内で政策を競い合うことが求められていたからだ。

党内の各派が相次いで佐藤四選を支持するなかで、フジテレビに出演した恒三は、それに異議を唱えた。宏池会の前尾繁三郎が出馬をしなかったことを痛烈に批判した。自民党の国会議員は人材が豊富であるにもかかわらず、派閥の領袖の一言で決まってしまうことが許せなかったのだ。

恒三が師と仰ぐ角栄は、佐藤の力が衰えないうちに、福田に禅譲することを恐れていたといわれる。四選をさせて死に体になってから、佐藤派を割って出る作戦を考えていた。恒三とは意見を異にしていたのである。

福田を念頭に置いていた佐藤

佐藤後継をめぐっての角栄と福田の綱引きは壮絶なものがあった。佐藤はあくまでも福田を念頭に置いていた。だからこそ、中曽根康弘に総裁選の出馬を働きかけたのだった。中曽根派は二十三人で、その多くは「角栄」と書くと見られていた。それを阻止すれば、一回目での角栄のトップはないと予想したのである。

佐藤が角栄と福田を呼びつけて、第一回の投票で一位になった方を、二回目の決戦投票で支持するという約束をさせたのは、福田が第一回で一位になると思っていたからなのである。七年と二一二日も総理の座にあった佐藤も、その時点では力が削がれていた。影響力を残すのに必死であった。権力者であれば誰もが通らなくてはならない道ではあったが、佐藤らしからぬ行動に出たのは、一抹の淋しさがあったからだろう。

すでに角栄も福田も走り出しており、角栄と福田の連合というのは、あくまでも佐藤の独りよがりでしかなかった。水面下では田中派による大平派と中曽根派への切り崩しが進んでいた。佐藤にとっての見込み違いは、古くからの腹心であった橋本登美三郎、西村英一、愛知揆一らが田中派に走ったことであった。

佐藤は六月十七日、自民党の議員総会で退陣を表明した後の官邸記者クラブとの会見で、新聞記者を全員締め出した。官房長官の竹下登の先導で姿を現した佐藤は、マイクの前に座ると同時に、大声を張り上げたのである。

「テレビカメラはどこかね。（略）新聞記者の諸君とは話をしないことになってたんだ。ぼくは国民に直接話をしたいんだ。新聞になると違うんだ。偏向的な新聞が大嫌いなんだ。帰ってください」と怒ったのである。新聞記者からは抗議の声が上がったが、佐藤の「帰ってくれ」の一言で、テレビ以外の記者団は会場から出て行ったのである。

ペンの暴力への佐藤の精一杯の抵抗であった。官僚政治家の系譜であった佐藤は、党人派の角栄を「今太閤と讃える」マスコミの報道が許せなかったのだろう。

権力闘争と恒三も無縁ではなかった。佐藤が退陣に追い詰められた一因に、恒三らの働きがあったことは確かである。何時になっても退陣しようとしない佐藤に業を煮やした恒三は、官房長官の竹下登を六月十六日に訪ねた。暴れん坊の異名があった浜田幸一や中山正暉、石井一も一緒であった。

恒三らが反乱の声を上げなくても、その時点では佐藤が身を引くことが決まっていた。血気盛んな恒三らは国を憂い、自民党を思うあまり、居ても立ってもいられなかったのである。出る幕がなくなったとはいえ、自分の思いがかなった恒三は、議員総会終了後に首相官邸でのレセプションで、佐藤に向かって「長いあいだご無礼ばかり申し上げました」と深々と頭を下げた。二大政党制を実現することを政治的な信条とする恒三にとっては、戦いのしこりを残さないことが一番大事なことだと思ったからだ。

第四章　「今太閤」の角栄に共感

「今太閤」の田中角栄と一緒に

第二十七回自民党臨時党大会が開かれる運命の昭和四十七年七月五日がやってきた。ホテルニューオータニには、田中派ばかりでなく、角栄を応援する中曽根派、椎名派、水田派、船田派の国会議員が続々と集まり、参加者は百七十三名に達した。田中派を中心とした一団は、自民党総裁選が開かれる日比谷公会堂に意気揚々と向かった。六月十九日の時点で総裁候補であった中曽根康弘が立候補を取り止めた。勝負はあったとみられていたが、一筋縄でいかないのが政治の世界なのである。

衝撃的であったのは、かろうじて田中角栄は一位にはなったものの、一五六票にとどまったことだ。それに福田赳夫一五〇票、大平正芳一〇一票、三木武夫六九票と続いたのである。恒三は参加人数以外にも隠し票があると踏んでいたので、現実の厳しさを痛感させられことになった。元帥と呼ばれていた木村武雄ですら「二〇〇は固い」と読んでいたわけだから、田中派の誰もがそう思っていたのである。

二回目の決選投票では、田中角栄二八二票、福田赳夫一九〇票であった。最終的には角栄が選ばれたとはいえ、佐藤は必死になって田中の総裁就任を阻止しようとしたのである。角栄は一回目の投票結果を告げられると、一瞬不機嫌になった。陰の主役である佐藤もまた、厳しい表情をしたままであった。福田を勝たせることができなかった、自らの力のなさが歯がゆかったのだろう。

佐藤は同日午後から開かれた新総裁祝賀パーティでの祝辞を断ったばかりでなく、出席すらしなかった。意に添わぬ結果になったために、顔を出す気にもならなかったのだ。圧倒的な国民の支持を受けていた角栄に対して、官僚政治家が結束して立ち向かっても、歯が立たなかったのである。

角栄が総理総裁になったにもかかわらず、納得できない者たちによる反撃は、そのときから予想されていたことだ。角栄は党三役の人事では、幹事長に自派の橋本登美三郎を据え、総務会長を大平派の鈴木善幸、政調会長を福田派の倉石忠雄で固めた。

鈴木と倉石は隠れ角栄派とも呼ばれており、これで党内基盤は固まったかのようにみえた。第一次田中角栄内閣では大平正芳が外務大臣、三木武夫が副総理含みの無任所相、中曽根康弘が通産大臣といったように、主流四派のリーダーが顔を揃えた。

派閥別では、田中派五、大平派四、三木派、中曽根派、福田派が各二、椎名派、水田派、船田派が各一であった。福田派から入閣したのは、郵政大臣の三池信と経済企画庁長官の有田喜一であった。角栄の一本釣りともいわれ、総裁選において僅少差で敗れた悔しさもあって、福田派からは総引き揚げ論も出たが、次の内閣人事で調整するという約束でスタートした。

田中派の一員であった恒三からすれば、福田派が横槍を入れていることに対して、憤りを覚えてならなかった。恒三は首班指名が終わった翌日の七月七日、田島町長選挙の事務所開きに顔を出すために選挙区に戻っていた。

わずか一日の滞在であったが、恒三は「思いを組閣で苦労している田中首相の胸中にはしらせている私の耳に、車中のニュースは、福田派が入閣を拒否し、出発より〝田中丸〟が激しい波浪にさらされていることを伝えていた」(『水芭蕉日記　国政十二年の歩み』)とそのときのことを回想している。

庶民の側に立つ角栄

恒三が田中内閣の誕生に骨身を惜しまなかったのは、「自民党が思い切った政策転換を行わなければ国民から見放されてしまう」（前掲書）との危機感があったからだ。

恒三は「国民から親しまれる庶民性と、若くたくましいエネルギーによって、思い切った〝発想の転換〟ができる指導者」としての角栄に賭けたのである。『日本列島改造論』が出たのは、総理総裁の座を手に入れた同じ年であった。そこで角栄は国土の均等ある発展を訴えたのだった。

「明治百年をひとつのフシ目にして、都市集中のメリットは、いま明らかにデメリットへ変わった。国民がいまなによりも求めているのは、過密と過疎の弊害の同時解消であり、美しく、住みよい国土で将来に不安なく、豊かに暮らしていけることである。そのためには都市集中の奔流を大胆に転換して、民族の活力と日本経済のたくましい余力を日本列島の全域に向けて展開することである。工業の全国的な再配置と知識集約化、全国新幹線と高速自動車道の建設、情報通信網のネットワークの形成などをテコにして、都市と農村、表日本と裏日本の各差を必ずなくすことができる」

恒三の選挙区であった福島二区は、会津と県南にまたがっていた。福島県の面積の半分を占める会津は、気候的には裏日本に位置付けられ、人口でも所得でも、中通りや浜通りと比べると見劣りする。

また、中通りに属する県南は、距離的には東京から近いにもかかわらず、政治の恩恵に浴していなかった。恒三が角栄の『日本列島改造論』に共鳴したのは、「すべての地域の人びとが自分たちの郷里に誇りをもって生活できる日本社会の実現に全力を傾けたい」との主張に心動かされたからなのである。

さらに角栄は「ひらかれた国際社会のなかで、日本が平和に生き、国際協調の道を歩きつづけられるかどうかは、国内の産業構造と地域構造の積極的な改革にかかっている」との方針を掲げた。まさしくそれは恒三の政策と寸部も違わないものであった。「小日本主義」の石橋湛山の思想に共鳴した恒三は、外交に関しては、自民党内のハト派であるアジア・アフリカ問題研究会に属していたからだ。

恒三は昭和四十六年九月十七日、自由民主党新人議員訪中団の一員として、周恩来と面会したおり、日中親善を重視する立場を貫いた。現在のような日中関係の険悪なムードは、江沢民や習近平によってつくられたものであって、当時の北京指導部は、日本に対して大人の付き合いをしていたのである。

恒三も中国の政治体制を礼賛したわけではなかった。「われわれは、自由社会である日本の政治に自信をもってお隣りの中国との国交を回復してよいと思う」（『水芭蕉日記　国政十二年の歩み』）との立場は揺るがなかったからだ。

角栄がまず手を付けたのは、日中国交正常化であった。昭和四十七年九月二十五日に北京を訪問し、二十九日には日中共同声明に署名し、わずかの期間で国交正常化を実現した。それまでアメリカの顔色を窺ってばかりいた日本が、独自の外交に転じたのである。

総選挙で自民党が敗北

角栄がぶちあげた「日本列島改造」を受けて、首相の私的諮問委員会として日本列島改造問題懇話会がスタート。補正予算を仕上げた後の昭和四十七年十一月十三日に解散に打って出たのである。投開票は十二月十日の第三十三回衆議院議員総選挙である。結果は角栄の予想に反したものであった。

自民党は解散時の前回の二八八議席を下回る二七一議席にとどまった。かろうじて、追加公認をした無所属の当選者一六名を加えても、解散時を一〇議席も下回った。ただし、それは角栄の責任問題には発展しなかった。田中派は三議席増えており、議席を失ったのは、高齢者が多かった福田派であったからだ。

恒三は圧倒的な票で再選を果たした。田中派であることで勢いが違っていた。角栄ばりのスケールの大きい夢をぶち上げたのである。

元西郷村村議で、恒三の引退後も一人だけ渡部恒三秘書の名刺を持っていた鑓水政芳は、そのときの恒三の演説が忘れられないという。

「今の新白河駅前でのことです。まだ駅ができる前ですよ。『ここに新幹線の駅をつくって東京に通勤ができるようにします』と恒三先生は熱弁を振るいました。それが現実になったんで、それから県南の人は恒三先生を見直すようになったんだと思います。白河市や西郷村で票が増えたのは、あの演説からです。当時私は支持者ではありませんでしたが、若くてすごい政治家がいると思いました」

鑓水が恒三陣営に参加することになったのは、昭和五十六年になってからである。そのエピソードがまだ恒三らしい。側近になることを渋っていた三十四歳の鑓水に向かって、恒三は「俺が学生服ならお前は金ボタンだ。学生服に金ボタンがなかったら、つりあいがとれないだろう」と言ったのである。その一言に、鑓水はコロリとまいってしまったのである。

昭和四十七年から日本は物価上昇の傾向が顕著になっていた。翌年一月十五日に閣議決定された新年度予算は、前年度比二四・六パーセント増の超大型予算であった。日本列島改造論を掲げた積極財政は、インフレに拍車をかけることになったのだ。昭和四十五年を一〇〇とした消費物価指数は、昭和四十八年四月には一二〇を超えていた。とくに、地価は高騰し、同じく四月で前年比全国平均三〇パーセント以上、首都圏で三五パーセント以上となっていた。角栄が致命傷になったのはロッキード事件であることは間違いないが、それ以前の経済政策の失敗があり、それがボディブローになっていたのだ。

オイルショックの影響も、田中内閣に暗い影を落とした。昭和四十八年十月六日、第四次中東戦争が勃発すると、ＯＰＥＣ六ヶ国は日本を敵対国に認定し、石油供給の削減や石油の値上げを通告してきた。

そこでの角栄の政策の転換を、北岡伸一は日本政治の大きな分岐点と位置付け、「政府は急遽、アラブ諸国寄りに政策を転換し、敵対国の扱いを解いてもらうこととした。しかし、それは親イスラエルのアメリカの好むところではなかった。日本の親アラブ政策への転機は、危うい選択だったのである」（『自民党　政権党の38年』）と書いている。

内外ともに田中内閣は危機を迎えたのである。昭和四十八年十一月二十三日に愛知揆一が急死したことを受けて、角栄は福田赳夫に助けを求めざるを得なくなった。後任の大蔵大臣に福田を起用、その改造にともなって福田派の大臣は四となり、田中派と肩を並べたのだった。

勢いを取り戻すために角栄は乾坤一擲の勝負に出た。小選挙区制の導入である。それによって自らの求心力を高めようとしたのだ。昭和四十八年四月の時点で内閣支持率は二〇パーセントを切っていた。

「今太閤」と持て囃されて登場したのに、前途に不安を抱くようになった国民は、安定を求めるようになっていたのだ。昭和四十九年七月七日投開票の第十回参議院通常選挙で自民党は大敗北を喫した。

企業ぐるみ選挙ともいわれ、大規模な政治資金を投入したにもかかわらず、改選前の七〇議席を大きく下回る六二議席にとどまった。保革伯仲といった事態になり、選挙の神様と評された角栄神話にも、暗い影を落とすことになった。インフレとオイルショックのダブルパンチが敗北の原因であった。

三木と福田の造反劇

満を持して造反したのが三木武夫であった。金権選挙を批判して七月十二日、副総理の座を去ったのである。七月十六日には大蔵大臣の福田赳夫と行政管理庁長官の保利茂も辞表を提出した。示し合わせたような動きであった。

決断が早い角栄は、すぐに手を打った。大蔵大臣には外務大臣の大平正芳を横滑りさせ、外務大臣に木村俊夫を、行政管理庁長官には細田吉蔵を据えた。木村も細田も福田と近かったが、角栄はこの日を予想して、水面下で二人と接触していたのである。

伊藤昌哉の『実録自民党戦国史　権力の研究』では、佐藤サイドから角栄に「福田を幹事長にしろ」との働きかけがあったとみている。佐藤栄作は、党の権力を福田に明け渡すことを要求してきた。角栄がそれを蹴ったために、間を取り持っていた保利も辞めることになったのだという。

党内での権力闘争では角栄は持ちこたえることができたが、保守派の言論機関であったはずの『文藝春秋』の昭和四十九年十一月号に掲載された立花隆の「田中角栄研究」と児玉隆也の「淋しき越山会の女王」の記事が一大センセーショナルを巻き起こし、角栄は絶体絶命のピンチに立たされたのである。発売されたのは十月十日前後で、本屋の店頭からはあっという間になくなった。

角栄は九月十二日から南米やアメリカ、カナダを訪問していたが、帰国したのは九月二十七日であった。角栄はかなり気にしていたようで、訪問先から国際電話をかけて、必死になって情報収集にあたったといわれる。

政治家として修羅場をいくつもくぐり抜けてきた角栄にとっては、昭和二十五年に炭鉱国管疑獄で逮捕された経験もあり、金脈問題は笑い飛ばせるレベルであった。しかし、女性問題となると話は別であった。伊藤は「彼の敵は意外なところから現れ、たちまち田中の急所を突き刺し、一瞬のうちに田中を無能力者に変えてしまうのだ」（『実録自民党戦国史　権力の研究』）と書いている。これを倒閣のチャンスとみた社会党や共産党は攻勢を強めることになったが、自民党内の反田中勢力も揺さぶりをかけてきたのである。

田中退陣と通産政務官拝命

角栄は十一月十一日に三度目の内閣改造を電光石火行ったが、世論は納得せず角栄は二十六日には辞意を表明せざるを得なかった。そのときの角栄の記者会見での言葉は悔しさがにじみ出ている。

角栄は政治家として何らやましいことがないと言い切るとともに、「貧乏な農民のセガレとして、ひたむきに走りながら今日まで生きてきた。人の誤解をうけることがありとせば、公人としてははなはだ遺憾といわざるをえない」と理解を求めたのである。

また、二階堂進幹事長によって「田中首相の辞任声明」が読み上げられた。「一人の人間として考えるとき、私は裸一貫で郷里を発って以来、一日も休むことなく、ただ真面目に働き続けてまいりました。顧みまして、いささかの感慨もあります。しかし、私個人の問題で、かりそめにも世間の誤解を招いたことは、公人として、不明、不徳のいたすところであり、耐え難い痛苦を覚えたのであります。私はいずれ真実を明らかにして、国民の理解を得てまいりたいと考えております」と身の潔白を主張した。

しかし、角栄は権力にしがみつくことはなかった。「いま、国の内外には緊急に解決すべき課題が山積しております。政治には瞬時の低迷も許されません。私が厳粛にかつ淡々として自らの退路を明らかにしたゆえんもここにあります。わが国の前途に想いをめぐらすとき、私は一度、沛然（はいぜん）として大地を打つ豪雨に心耳を澄ます思いであります」と自らの心境を披歴したのである。

角栄がなぜそこで決断したかについては、いろいろな見方があるが、田原総一朗の「同時代史　田中角栄以後」が的を射ているといわれている。田原は「田中は、絶対にあるはずのない穴に落ち、穴から這い上がる術がないのを悟って、進退をきめてしまったのではないだろうか」（「同時代史　田中角栄以後」諸君平成十四年三月号）と書いたのだった。

新潟市や長岡市の土地ころがしをめぐっての、国税局との闘いで、角栄が負けたわけではなかった。税法上は角栄のしたことは違法ではない。田原によれば、成り上り物で金権だというレッテルが貼られたことで、角栄が手足も出なくなってしまったというのだ。マスコミの集中砲火に角栄は耐えられなかったのである。

しかも、キャンペーンの先頭にたったのは、『文藝春秋』であり、産経新聞であった。保守本流からの攻撃であった。角栄に面倒をみてもらっている者たちまでも、火の粉が飛んでこないようにと、蜘蛛の子を散らすように逃げ去ったのである。

わずか十五日そこその第二次田中角栄内閣であったが、恒三はそこで通産産業大臣政務官を拝命することになった。恒三は十一月十五日午前十時、田中角栄首相から辞令を手渡され、立ち会った竹下登官房長官から「君が二期でこのポストをこなせば四期で大臣になれるぞ」と励まされた。ときの通産大臣は中曽根康弘であった。

恒三は角栄の退陣時のことを『水芭蕉日記　国政十二年の歩み』の「第四章田中内閣の興亡」で書き記している。恒三は十一月十日、新潟県長岡市の越山会青年部総会で講演をした。恒三が「今や首相の政治的立場は断崖絶壁に立つ。よし日本中から非難と罵声をうけるとも、私と諸君は首相を信じようではないか」と訴えると、詰めかけた支持者からは嗚咽の声が漏れたのだった。

忠義の臣が集まって、一糸乱れぬ結束を誓い合うような光景が目の前をよぎってならない。角栄の内閣で通産産業大臣政務官に就任できたというのは、恒三にとっては望外の喜びだったのである。

三木内閣の成立とロッキード事件

恒三は、総裁選で党を割れることを何よりも危惧する一方、公選の場合には、若手が立候補すべきとの立場であった。しかし、椎名悦三郎副総裁の裁定で、三木武夫が後継者として選任されたとの報に接した恒三は、渋々納得せざるを得なかった。「党内に激化しつつある反福田、反大平の空気を考え、椎名氏が老齢、中曽根氏では若過ぎるということになれば、三木氏にいくしかあるまい」と思ったからである。

党内で激しく対立しているのは田中派と福田派であった。三木派は角栄に一時的に反旗を翻したとしても、田中派からすれば組みやすい相手であった。それが結果的に角栄の逮捕につながるとは、誰もが予想できなかった。アメリカの虎の尾を踏んだ悲劇の幕が上がるのは、それから二年後のことであった。三木内閣は昭和四十九年十二月九日にスタートした。福田赳夫が副総理として経済企画庁長官、大平正芳も大蔵大臣に就任し、三木を補佐する形で有力な政治家が顔を並べた。恒三は通産産業大臣政務官のままであった。

翌年六月三日には佐藤栄作元首相がこの世を去った。脳溢血であった。角栄が葬儀委員長を務めた。政治家になりたての頃には、自分が仕えた派閥の領袖であり、晩年は自分を苦しめた政敵であった。

にもかかわらず、角栄は佐藤を憎むことができなかった。そんな情にあつい角栄を目の当りにして、恒三もついほろりとしたのだった。官僚政治家にはない血が角栄には通っていたからである。

日本の政界が震撼したロッキード事件の発端となったのは、米上院外交委員会多国籍企業小委員会公聴会での、ロッキード社のコーチャンの発言であった。昭和五十一年二月四日のことである。

副社長のコーチャンは、賄賂として児玉誉士夫に七百万ドル（約二十一億円）、手数料として丸紅に三百二十万ドル（約九億円）に支払ったと証言したのである。政治家に資金が流れたことは確実とみられ、マスコミも一斉に事実関係を洗い出した。翌二月五日付の新聞は大々的にそのことを報道した。そこで持ち上がった疑惑が全日空の機種の選定であった。

全日空が三井物産を通じてダグラス社のＤＣ10の十機購入を決めていたにもかかわらず、

昭和四十七年秋になって突然、ロッキード社のエアバストライスターに変更になった。さらに、次期対潜哨戒機も国産化が白紙となったのである。

これらの決定がなされたのが、田中内閣設立の時期と重なったために、「角栄が賄賂をもらったのではないか」と疑われたのである。児玉は脳梗塞を患っており、口がきける状態ではなかった。そのうちに角栄の刎頸（ふんけい）の友で、国際興業の創業者小佐野賢治の名前までもが取り沙汰されるようになった。

二月十六日、十七日には、衆議院予算委員会で証人喚問が行われ、小佐野、全日空の若狭得治社長、丸紅の檜山廣会長、大久保利春専務、伊藤宏専務、松尾泰一郎社長らが国会に呼ばれた。

いずれも「記憶にございません」と答弁して顰蹙（ひんしゅく）を買ったが、これを政権浮揚に利用しようとしたのが三木武夫首相であった。三木はフォード大統領に捜査への協力を要請し、丸紅から五億円の賄賂を受け取ったのは「TANAKA」であるという資料の提供を受けた。

しかし、それだけでは立証することにはならなかったので、東京地検特捜部は、コーチャンへの尋問で突破口を拓こうとしたが、自らが贈賄を認めることになれば、日本の法律で裁かれることになる。このためアメリカの司法当局は、コーチャンがどのような供述をしても処罰しないという、免責特権を要求してきた。
そこで日本の憲法に反することが行われ、そのコーチャン証言によって、前首相が逮捕されるという前代未聞のことが起きたのである。一連の三木の動きに対して反発が起きなかったわけではない。とんでもないことになるというので、五月初めには、椎名悦三郎副総裁が大平、福田と会談したばかりではなく、彼らは角栄にも接触した。

世にいう第一次三木下ろしであったが、包囲網を牽制するかのように、三木は「徹底究明」を訴えて、マスコミを味方に付けてクリーンな政治の必要性を訴えたのである。

東京地検特捜部は六月二十二日から七月十三日にかけて、議院証言法違反で丸紅側の檜山会長ら三人を逮捕した。最終的なターゲットが角栄であることは明らかであった。東京地検特捜部は周囲から攻めていく戦略を取ったのだ。

それでも事は一直線に進んだのではなかった。自民党内には、橋本登美三郎や佐藤孝行らは免れないとしても、角栄は灰色のまま残るという見方が有力であった。コーチャン証言についても、色々な憶測が飛び交っていた。「中曽根康弘の名前があったと」いう情報も、一部のマスコミ関係者が流していた。

どこまでやるかは三木と法務大臣の稲葉修次第であった。弱小派閥を率いて、それまで芽がでなかった三木が、世論の後押しを受けて、一大権力者となったのである。角栄逮捕の七月二十七日の朝について、伊藤昌哉は「何の前ぶれもなく」（『実録自民党戦国史　権力の研究』）と書いており、角栄サイドからすれば、予期せぬ出来事であった。

自民党内での暗闘を再現してみると、事の経緯が明確になってくる。丸紅ルートは角栄であり、児玉ルートは中曽根であった。片方の立件は可能だとしても、もう一方は困難な情勢であった。これもまた今となっては深い闇の中である。三木が幹事長である中曽根を守ることで、政治的な自らの立場を維持しようとした可能性も否定できないのである。

ロッキード事件をめぐっては、未だに謎に包まれている。恒三は三木の対応に憤った。「アメリカと取引した、不公平な証言のもとづく逮捕である」との思いがあったからだ。

角栄は八月十六日には受託収賄と外為法違反の容疑で起訴されたが、二億円の保釈金を積んで出所した。そして、逆に政治的には反撃に転じたのである。角栄は田中派を一大勢力とするのに血眼になった。

福田、大平、田中、椎名、船田、水田の各派の国会議員二百七十七人によって八月十九日、挙党体制確立協議会が結成された。この日から本格的な三木おろしが始まった。大勢はほぼ決したのである。

あくまでも居直り続けた三木は解散権を行使しようとしたが、党内の力関係で断念せざるを得なくなり、十一月十五日の公示の第三十四回衆議院総選挙は、日本国憲法下では初めて任期満了によるものであった。

田中派所属の議員にとっては、当然のごとく苦しい選挙戦となった。投開票は十二月五日であった。立会演説会の会場で、恒三は何度も演説をさえぎられた。「ロッキード」「ピーナツ」「田中から金をもらったのか」と罵られたのである。

野党支持者ばかりでなく、同じ自民党系の支持者が騒ぐのだから、手が付けられなかった。それでも、恒三は角栄を擁護し続けたのである。かろうじて当選したとはいえ、定数五の最下位であった。逆風の中で連続三回目の当選を果たしたのである。

恒三は大変な試練を支持者に支えられて乗り切ることができたのである。梶山静六は角栄が出所した際に出迎えに行ったというので、それが話題になって落選に追い込まれた。角栄に心酔していたことが選挙で祟ったのである。

通産族として頭角現す

三木内閣で恒三が通産政務次官に再任されたときの通産大臣は、河本敏夫であった。河本は三木派の重鎮であり、三光海運の社長を務めたことのある経済通であった。

恒三は一期目で、文教と農林、二期目で建設と環境問題に取り組んできた。とくに、建設委員会では、理事として木村武雄委員長のもとで国土利用計画法をまとめ、木村武雄、金丸信、亀岡高夫といった建設大臣に可愛がってもらった。

当選したばかりの頃は、恒三という政治家は、建設族という印象が強かった。遅れた会津地方の手っ取り早い振興策は、トンネルを掘り、道路をつくることであったからだ。恒三はその点では、他の国会議員よりも抜きんでていた。それだけの政治力があったからである。

また、西岡武夫、河野洋平、藤波孝生といった、早稲田の卒業生の多くが文教族であったことから、福島県の文教施設の整備にも力を尽くした。少年自然の家、公民館建設、老朽校舎の改築などに力を入れた。

このほか、農民組合長経験者の一人として、党農林部会、総合農政調査会の委員として農政にも関係し、とくに米価や生産者葉タバコの価格決定に際しては、鉢巻きをして先頭に立った。このため「ベトコン議員」を代表する政治家とみられていた。

通産行政に関しては、まったくの素人であったことを、恒三自身が認めていた。それだけに、恒三は独禁法やエネルギーなど、難しくて頭が痛くなるような通産行政に関するレクチャーを受けながら、日本にとって何が大切かを理解するようになったのである。

第一に取り組んだのが経済対策であった。加熱した物価を上げないために行っている総需要抑制策の副作用として、不況が深刻化していた。景気を良くしようとすれば物価が上がり、物価抑制すれば景気が悪くなるといったことになる。それをどう克服するかで頭を悩ませたのである。

次には資源外交であった。田中内閣の一員として、昭和四十九年八月十四日、インドネシアの首都ジャカルタを訪問し、友好関係をさらに強化しようとしたのも、日本の立ち位置が変わりつつあることを痛感したからだ。恒三の分析は的確であった。

日本が驚異的な経済発展を達成することができたのは①開発途上国より、安い運賃、安い値段で原材料が入ってくる②わが国の労働力はヨーロッパのいかなる先進国よりも良質で豊富で安い賃金である―ということに助けられた。ところが昭和四十八年の第一次オイルショックで、開発途上国は安売りもせず、船賃も高くなった。日本の労働賃金もアメリカに匹敵するようなレベルになった。

急激な変化に対応するために、悪戦苦闘する通産行政の現場で、恒三は「日本の産業・経済をあずかる通産省を担当し、衰弱しつつある日本の産業の、経済の現実に接し、肌に汗を生じる思いである」との危機感を抱いたのだ。

恒三は党人政治家ではあるが、官僚との関係を大事にしていた。人間的な結びつきを大切にして信頼された。物事を進めるためには、自民党内との調整は欠かせない。そんなときに調整役として恒三は動いたのだった。通産大臣が中曽根から河本へ替わっても、その下で一生懸命に働いたのである。

昭和五十一年九月二十日スタートの第二次三木内閣では、恒三は文部政務次官に就任した。反主流派の挙党体制確立協議会は、三木下ろしの真っ最中であった。命よりも大事な総選挙直前であるにもかかわらず、十月末にナイロビで開かれた国際ユネスコ総会に永井道雄文部大臣の代わりに出席した。恒三は政権与党の中堅として、押しも押されもしない政治家となったのである。

三木を倒し福田内閣が成立

三木が首相退陣の意思を表明したのは、十二月十七日のことであった。三木後継については、二十一日に党役員会と総務会が開かれ、二十二日に総裁選の立候補を締め切ることを決めた。

三角大福で残っているのは福田と大平であった。両者は総裁任期を三年から二年に戻すことでも一致した。大平は古希を過ぎて七十一歳である福田に席を譲ったのである。

二十四日には福田赳夫が首班に指名されたが、福田への投票は衆議院、参議院とも、過半数をわずかに一票上回っただけであった。衆議院は無効が五票出たが、一票は田中派から、三票が三木派からの造反といわれ、多難な船出であった。自民党が分裂すれば、政権交代もあり得た。

角栄と福田はライバルであったし、その二人と大平の関係も微妙であった。大福連合による田中派はずしを、角栄はもっとも警戒した。それで田中派の長老である西村英一を副総理として送り込んだのである。

大平は幹事長として福田を支えることになった。総裁公選を行えば自分が自民党総裁となり、首相に座に就いていたはずなのに、戦うことなく妥協してしまったのである。大平が属する宏池会のメンバーの大半は、口には出さなくても、総裁選に名乗りを上げなかったことへの、不満が渦巻いていた。佐藤栄作にまんまとしてやられた前尾繁三郎とダブらざるを得なかったからだ。

自民党内で暗闘が繰り広げられていたなかで、恒三は国対副委員長といった重要なポストを命じられた。国対委員長は、福田派のプリンスと呼ばれた安倍晋太郎であった。議会運営委員長は金丸信で、この三人が国会対策で力を合わせたのである。

恒三が担当したのは、参議院と新自由クラブであった。新自由クラブは自民党を離れた河野洋平が代表となり、第三十四回衆議院総選挙で十七名になり、国会での主導権を握ろうとしていた。一度離党してしまえば、自民党への敵愾心は湧いてくるもので、それをなだめすかすのは並大抵のことではなかった。

自民党は自民党で、裏切り者だということで、河野らを徹底的に排除しようとした。恒三はその両方の仲を取り持ったのである。一度付き合った人間とは、それぞれの道は違っていても、相手を理解しようとするのが恒三流なのである。

恒三は田中派の人間ばかりではなく、中曽根や河本からも一目置かれ、安倍晋太郎とも自由に意見を交換できる関係を築いていた。議会制民主主義というのは一人でできるわけではなく、多数派を形成しなければならない。純化路線にこだわって、次々と政権を壊した小沢一郎とは、恒三は対極の政治家なのである。

昭和五十二年十一月二十八日の福田内閣改造では、安倍は内閣官房長官に転出したが、恒三は国対副委員長に再任された。新しい国対委員長は三原朝雄であった。自民党内の抗争劇はエスカレートするばかりであったが、恒三は着実に政治家としての実績を積み重ねていったのである。

長期政権を目指すとみられていた福田内閣が、中途で頓挫を余儀なくされた。総合景気対策などが功を奏し、一時は経済成長率も年換算七パーセントを達成した。その勢いで福田は長期政権を目指そうとしたのである。青嵐会の若手である中川一郎や中尾栄一らも福田に接近してきた。自民党内の外交的にタカ派であった勢力の支持を受け、党内基盤を強化した。

昭和五十二年七月十日投開票で行われた第十一回参議院通常選挙においても、自民党は改選議席を二議席減らしただけで、無所属からの追加公認を加えると、過半数を維持することができた。それも福田にとっては追い風であった。

しかし、福田と大平との間では、二年後には大平にバトンタッチするとの話し合いが付いていた。それを福田が反古にするのは約束違反であり、大平が属する名門派閥の宏池会として、断じて容認することはできなかった。

福田から政権をもぎとった大平

総裁選に持ち込めば分が悪いと考えた福田は、三木がそうであったように、自分の手で解散を行い、主導権を確保しようとした。そこで野党の力を利用しようとしたのだ。国会が空転すれば、伝家の宝刀を抜くしか選択肢はなくなるからだ。

福田は補正予算案で野党の修正に応じるつもりはまったくなかった。野党が減税で揺さぶりをかけてきていたので、逆にそれを解散の口実にしようとしたのだ。

大平は解散権を封じるのに必死であった。野党は一枚岩ではなかったとはいえ、社会党、公明党、民社党、新自由クラブ、社民連の間で統一した修正案ができていた。野党としては中途半端に妥協するわけにはいかなかったのである。

そこで大平の腹心である田中六助が動いた。新自由クラブと話しを付けたのだ。新自由クラブとしては、昭和五十四年度予算案を予算委員会では否決する側に回るが、本会議では可決する側に回るという裏技である。実質的な修正は次の臨時国会で処理されるから、福田が解散総選挙に打って出る大義名分はなくなった。

民社党の佐々木良作や公明党の幹部も解散総選挙を望んでいなかったので、その難局を大平は何とか乗り切ることができたのである。国対副委員長であった恒三が、そこで人知れず汗をかくことになった。恒三には福田派と大平派の両方から働きかけがあったとみられるが、物事は大平ペースで推移した。反福田で一致していた田中派もそれを応援したのである。

国会というのは与野党の対決という図式で物事を捉えられがちであるが、それ以上に、最高権力者の座をめぐる与党内の駆け引き争いの方がはるかに熾烈なのである。驚くべきは、田中だけでなく、大平も福田も、さらには三木や中曽根も、それぞれが相手の裏をかこうとしていたことだ。

昭和五十三年十一月二十六日投票締め切り、二十七日開票の自民党総裁の予備選をめぐっての綱引きは壮絶で、まさしく百鬼夜行の世界であった。誰が敵か味方か分からず、混沌としていたからだ。

三木は総裁を辞任する際に、その条件として「全党員参加による総裁公選制度を実施すること」を提示した。それを受けて、昭和五十二年四月二十五日の第三十三回臨時党大会の党則の改正では、二年以上継続の党員党友に総裁選に参加する道が拓かれた。それ以外にも、候補者はそれまでは党所属国会議員の十名の推薦があればよかったのが、二十名の推薦が必要となった。

その党則改正によって、予備選では都道府県ごとに投票を集計し、上位二名を当該都道府県の推薦候補とする。各都道府県連の党員党友一千人ごとに一点の割合で与え、推薦候補二名に得票数に応じて按分する。予備選の上位得点者二名を、国会議員による本選挙の候補者とするということが決まっていた。

昭和五十三年一月二十日の第三回臨時党大会では「総裁が任期中に欠け、その後任を党大会に代わる両院議員総会で選任した場合、その任期は前任者の残任期間とする」という党則の追加の改正も行われた。

大平正芳は福田からの禅譲を期待しつつも、最悪の場合には田中派との連合で、総裁の座をもぎとろうとした。福田は内閣支持率の高さを武器に、挙党体制確立協議会で引きずり下ろした三木との連合を探っていた。昨日の敵は今日の友なのである。角栄は大平や福田に関して、キャスティングボートを握ろうとしていた。自分が復権するにあたって、どちらが利用しやすいかを値踏みしたのである。

劣勢を伝えられていた大平が、終盤になって挽回したのは、田中派の全面的なバックアップがあったからだ。大平になるか福田になるかは、角栄の腹一つであったのだ。その二人以外にも中曽根と河本が立候補したことで、なおさら角栄がキングメーカーになったのである。

予備選での結果は、大平七四八点、福田六三八点、中曽根九三点、河本四六点であった。敗軍の将となった福田は「民の声は天の声というが、天の声にも変な声もたまにはある」という一言を残して、国会議員による本選挙を辞退した。大平に総裁の座を開け渡したのである。

角栄の影響力が福田の運命を左右することになるとは、福田自身も考えてはいなかったはずだ。福田からすれば、予備選での敗北は考えられなかった。「田中派の金脈に負けた」と公言する者までいた。

大平の急死と政局の混乱

勝者であるはずの大平がボロボロになっていくさまは、あまりにも衝撃的である。自前で勝利をつかむことができなかったために、身を削ることがあまりにも多過ぎた。大平は党三役には幹事長に大平派の斎藤邦吉、総務会長に福田派の倉石忠雄、政調会長に三木派の河本敏夫を配した。

昭和五十三年十二月八日にスタートした第一次大平内閣では、大臣は大平派四、田中派四、福田派四、中曽根三、三木派二、旧水田派一、無派閥二の派閥均衡であった。反大平の派閥を刺激することを避けたのだ。

大平は翌年四月八日に実施された統一地方選挙において、東京と大阪で革新都政と革新府政を倒し、それぞれ鈴木俊一と岸昌を当選させた。昭和五十四年六月二十八、二十九日の東京サミットでも、日本は石油の輸入量をめぐって四面楚歌となったが、何とか妥協点を探ることができ、ほっと胸を撫でおろしたのだった。

しかし、同年十月七日投開票の第三十五回衆議院総選挙は大敗北を喫した。自民党は得票率では前回を上回ったものの、公認候補の当選者は二百五十六名にとどまり、単純過半数の二百六十四名にも及ばなかった。

ここぞとばかりその責任を追及したのが福田、三木、中曽根であった。とくに、福田と三木は自分たちが解散できなかったこともあり、大平の辞職を求めてきたのである。保革伯仲を打破するとともに、党内基盤を強化しようとした思惑が完全に外れたのである。

大平が敗れたのは、財政再建を最大の課題として取り上げ、選挙期間中に一般消費税をぶち上げたからであった。学者グループを自らのブレーンとして活用しようとした大平は、間接税の必要性を痛感し、国民に負担を求めたのである。唐突に増税を訴えたことが、敗因に結び付いたのだ。

そこから四十日抗争の幕が切って落とされたのである。第二次大平内閣の組閣が難航したことはいうまでもない。大平派と田中派は民社党や公明党との連立も視野に入れていた。一方の反主流派の福田派、中曽根派、三木派、中川グループは新党結成を目論み、自民党は党分裂の危機に直面したのだった。

このため十一月六日の首相指名選挙では、首相候補を自民党が一本化できず、大平と福田の二人が立候補するという異例の事態となった。接戦となったのは衆議院で、一回目は大平が一三八票、福田が一二一票で、その差はわずか一七票であった。新自由クラブが投票しなければ逆転もあり得たのである。

しかしながら、野党は、一回目だけでなく、上位二人による二回目の決選投票でも棄権した。その時点ではまだ、自民党が分裂して、中道や革新との連立政権を実現するのには、いくつものハードルを越えなくてはならなかったのである。

電源立地振興法案をまとめる

大平内閣のときの恒三は、自民党商工部会長として、エネルギー政策と地方の振興に全力を傾注した。政策通として、恒三への期待が高まっていたのである。昭和五十五年度の予算編成に際しては、エネルギー関係を一手に引き受けることになった。

河本敏夫政調会長から指示を受けたのが昭和五十四年春のことであった。恒三は全力投球でそれに取り組んだ。その最中に第三十五回衆議院総選挙があったが、福島二区の選挙区が無風に近かったために、恒三は政策づくりに専念することができた。

恒三は通産省に対して「従来のわが国の経済政策が大企業、大都市中心であったこと」を問題視し、「中小企業や地方に目を向けるべきである」と力説するとともに、「エネルギー政策の推進、未来産業を育てる技術開発、地方の時代を創るための地域産業政策、中小企業の振興」を柱とするように提言した。

そうした恒三の努力が実って、財政再建元年といわれ、緊縮予算であったにもかかわらず、資源関係エネルギーを中心にして、通産省だけは、対前年度比で各省平均の五・一パーセントをはるかに上回る一九・五パーセント増の六四六、九四二百万円であった。新エネルギー開発機構を創設することも決定した。

さらに、恒三は自民党内に総裁直属の「電源立地等推進本部」を立ち上げ、議員立法で「電源立地振興法案」を成立させた。これによって全国約四百の水力発電所が設置されている市町村に交付金が出されることになったほか、原子力発電所が立地する市町村にも、大きな特典が与えられることになったのである。

これで大喜びをしたのは、恒三の選挙区である奥会津の只見川や阿賀川水系の人たちであった。田子倉ダムの建設など電源開発で只見町などは、市に昇格するとまでいわれていたのに、実際は土地を提供しただけで、過疎化に一向に歯止めがかからなかったからだ。ようやく日の目を見るようになったのである。

政治主導で官僚の力を借りて物事を進めていく。それが恒三にはできたのであり、次々と実績を積み重ねたのである。派閥を超えて恒三の評価が高まったのはいうまでもない。

衝撃的な大平の死

権力の座を手にした大平ではあったが、強力な基盤があるわけではなく、あくまでも合従連衡からなる内閣であるだけに、砂上の楼閣と同じで、いつ倒れても不思議ではなかった。まさしく綱渡りであった。

大平の演説は「アーウー」を連発するとぼけたような話し方ではあるが、内容は誰にも引けは取らなかった。戦後の政治家のなかでは、指折りの知性派と評された大平は「一利を興すは、一害を除くにしかず」という耶律楚材（やりつそざい）の言葉を好んだともいわれるが、現実政治を誰よりも厳しい目で見ていたのである。軽佻浮薄な政治家とは一線を画していた。

田中や福田が全方位的な外交を推進したのに対して、大平はアメリカとの同盟関係を重視し、昭和五十三年十二月二十七日、ソ連がアフガニスタンに侵攻したときには、アメリカと共同歩調を取り、翌年のモスクワオリンピックのボイコットを決めた。

アジアの情勢も緊迫の度を加えていた。昭和五十四年二月には中越戦争が勃発し、社会主義国家同士の戦争が起きたのである。大平は昭和同年十二月に訪中したが、アセアン諸国との関係はこれまで通りとする方針を貫き、中国に媚びることはなかった。

大平の外交姿勢は、田中や福田と異なっていたことは確かである。北岡伸一は「大平は西側の一員路線を明確にした」（『自民党　政権党の38年』）と指摘しているが、東西冷戦の激化にともなって、アメリカ寄りのスタンスを明確に打ち出したのである。

大平を失脚させようとした勢力は、そうした政策について批判したわけではない。権力闘争で敗れた者たちが、政治的立場を抜きにして、寄って集って大平を攻撃したというのが真相ではないだろうか。そして、大平の味方は田中しかいなかったのである。

党内での暗闘が再度表面化したことで、大平の運命も尽きたのだった。不信任案を出して政権を揺さぶるというのは野党の常套手段だが、そこに自民党の一部が便乗したのである。

福田派や三木派から約七十名の欠席者が出て、それが可決されてしまった。そこで大平は怯むことなく解散総選挙に打って出た。昭和五十五年五月十六日のことである。

これには恒三もビックリした。『水芭蕉日記　国政十二年の歩み』で、どのような様子であったかについて触れている。恒三は、安倍晋太郎政調会長や鯨岡兵輔代議士らと、環境アセスメント法案をめぐって議場で議論をしていた。

開会のベルが鳴ったので本会議場に入ったら、加藤六月が恒三に向かって「福田派と三木派を中心とする過激分子が議場に入ってこないので困っている」と話しかけてきた。まさか大変なことになるとは露ほども考えていなかった恒三は、加藤に「面白いではないか」と冗談を言った。

ところが、福田派の森喜朗や三木派の近藤鉄雄が議場で自派の議員にひそひそとささやき始めてから様子が一変した。櫛の歯が欠けるように空席が目立つようになり、恒三の後ろに座っていた、福島三区選出で三木派の、菅波茂までもが橋口隆に引きずられるようにして出て行ったのである。

慌てた恒三は国対委員長の金丸信の席に飛んで行って「暫時休議にすべきだと思います」と助言したが、「今となっては手遅れだ」と言われたのだった。賽は投げられたのであり、後戻りはできなくなっていたのだ。

あれよあれよという間に解散総選挙が確定したのだった。大平は総辞職するのではなく、国民に信を問うたのである。前年に四度目の総選挙を勝ち抜いたばかりの恒三は、考えられない事態に直面して「まるでブレーキの壊れている車に乗ってしまったようなものである」（『水芭蕉日記　国政十二年の歩み』）と書いている。

この日は同志である田中派の参議院選候補者の壮行会が開かれることになっていたが、衆参同時選挙となったことで、雰囲気がガラリと変わってしまった。恒三が奮い立ったのは、そこでの角栄の演説であった。「田中元首相の涙を流しての演説は、予想外の不信任案通過に色を失ってしまったわれわれに、新しい勇気と闘志を燃え立たせてくれた」というのだ。

その総選挙のさなかの六月十二日に大平が死去したのである。恒三とは福島二区でライバルの伊東正義が内閣総理大臣臨時代理になった。時の人となった伊東には浮動票がごっそりと流れることが予想され、恒三は防戦に回ることになったが、それでも昭和五十五年六月二十二日投開票で行われた、第三十六回衆議院総選挙では、伊東に続いて二位で当選を果たした。

弔い選挙自民圧勝で鈴木内閣

大平の弔い合戦ということもあって、自民党は衆参とも大勝した。衆議院は二八四議席を獲得し、議席率で五五・六パーセント、得票率で四七・九パーセントであった。参議院選挙（第十二回参議院通常選挙）でも、全国区二一議席、地方区四八議席で、得票率は全国区が四二・二パーセント、地方区は四三・三パーセントであった。

自民党が大勝利を手にしたとはいえ、すでに角栄は権力の中枢を追われ、福田は退き、大平はこの世を去ってしまった。日本丸のかじ取りをするだけの傑出した政治家はいなくなってしまった。凡庸な政治家を選ぶしかなかったのである。

大平の志を受け継ぐということで、鈴木善幸に白羽の矢が立ったのである。派閥が優先される政治にあっては、落としどころは鈴木しかいなかったのだ。他の派閥は宏池会（大平派）に下駄を預けたのである。

福田派は昭和四十七年には、衆議院六五議席、参議院二八議席で最大派閥であったが、昭和五十五年の衆参同時選挙後は、衆議院四五議席、参議院二九議席で、田中派の衆議院五三議席、参議院三一議席に取って代わられ、大平派の衆議院五四議席、参議院二一議席に続く、第三派閥に転落をしたのである。

官僚政治家の福田はあまり派閥の拡大に熱心でなかったこともあるが、もっとも大きな原因は、総裁派閥として総選挙ができなかったために、兵を養うことができなかったからなのである。

鈴木善幸が自民党の両院議員総会で総裁に選任されたのは七月十五日であった。西村英一副総裁の推挙で決まったのである。任期は大平在任期間の同年十一月三十日までであったが、十一月二十七日に行われた総裁選では、無競争で再選された。

総裁に選出された鈴木が「もとより私は総裁としての力量に欠けることを自覚している」と述べたというのは、今でも語り草になっている。実力がないことを認めて大役を引き受けたのは、後にも先にも鈴木だけである。

鈴木善幸内閣がスタートしたのは七月十七日のことであった。総理総裁となった鈴木は、「和の政治」を掲げた。昭和二十二年の第二十三回衆議院選挙において社会党公認で当選した政治家であり、確固たる思想の持ち主ではなかった。それでも鈴木は行政改革と財政再建には力を入れた。「目刺しが好物だ」という経団連名誉会長の土光敏夫が脚光を浴びたのはその頃であった。土光は鈴木に請われて第二次臨時行政調査会長に就任し、有名な「増税なき再建」を訴えたのである。

行政改革は役人の既得権益にどこまで踏み込めるかであり、行政管理庁長官には、次の総理総裁候補であった中曽根康弘を、そして、官房長官には大平亡き後宏池会を引き継ぐ宮澤喜一を配したのだった。

鈴木の最大の汚点は、アメリカとの信頼関係をそこなったことだ。大平が西側の一員であることを強調したのとは、天と地の開きがある。大平のような現状認識ではなく、マスコミを意識して、リップサービスをしたのである。

同年十一月の大統領選を制したレーガンは、対ソ強硬派で、日本の防衛力の増強を促してきた。同盟国である日本としても、アメリカとの間で、安全保障上の結びつきを強化することを確認していた。そこで昭和五十六年五月八日の鈴木とレーガンとの共同声明では、明確にその方針が示されたのである。

「総理大臣と大統領は、日米相互協力及び安全保障条約は、日本の防衛並びに極東における平和及び安定の基礎であるとの信念を再確認した。両者は、日本の防衛並びに極東の平和及び安定を確保するに当たり、日米両国間において適切な役割の分担が望ましいことを認めた。総理大臣は、日本は、自主的にかつその憲法及び基本的な防衛政策に従って、日本の領域及び周辺海・空域における防衛力を改善し、並びに在日米軍の財政的負担をさらに軽減するため、なお一層の努力を行うよう努める旨述べた。大統領は、総理大臣の発言に理解を示した。両者は、日本の防衛に寄与することに対する共通の利益を認識し、安全保障問題に関するなお一層実り多い両国間の対話に対する期待を表明した。この関連で、両者は、六月に予定されている大臣レベル及び事務レベル双方での日米両国政府の代表者による安全保障問題に関する会合に期待した」

ところが鈴木は日本人記者団との会見において「総理大臣と大統領は、日米両国間の同盟関係は、民主主義及び自由という両国が共有する価値の上に築かれていることを認め、両国間の連帯、友好及び相互信頼を再確認した」との文章について「軍事的な意味はない」と断言し、逆に自分の思いが反映されていないことに不満を述べたのである。

財政再建を旗印にしていただけに、防衛費の伸びを抑制したかったのだろうが、あまりにも常軌を逸した発言であった。官房長官の宮澤喜一は「軍事的にのめりこむことはない」との趣旨だと弁護したが、外務大臣の伊東正義は抗議の辞職をした。

日米安保条約はいうまでもなく軍事同盟であり、米ソの対立がエスカレートしていたなかで、優柔不断は許されなかったのである。「ならぬことはならぬものです」と会津人の頑固一徹さもあって、伊東は筋を通したのである。

鈴木の首相就任に関して、恒三は「まさに鈴木内閣は求めずして、周囲の客観情勢が作り上げてしまった棚ぼた内閣」と表現した。角栄や福田のどちらからも受けのいい鈴木が選ばれただけであり、恒三は、政治家としての鈴木の限界を早くから見抜いていたのだ。

恒三は『水芭蕉日記　国政十二年の歩み』において、鈴木の昭和五十六年度予算編成を「財政再建という厳しい枠の中で、ともかくエネルギーと技術開発を優先するという前向きの姿勢」を評価しつつも、「国会運営についてはほめられたものではない」と突き放した言い方をした。

野党の言うままに武器輸出に歯止めをかけ、無責任な減税要求に対しても、わけのわからない妥協をして、お茶を濁してしまったからだ。恒三は「これでは、せっかく安定多数を与えてくれた国民の皆さんに申し訳がたたなくなってしまう」と批判したのである。

外交安全保障で右往左往した鈴木は、昭和五十七年十月十二日に退陣表明を行った。恒三が期待したように「行政改革に政治生命をかける」と公言したことだけは、第二臨調の行革一次答申の「増税なき財政再建」への挑戦や、第二臨調三次答申の「三公社の民営化」として結実したのである。

第五章　第二次中曽根内閣で厚生大臣

第２次中曽根内閣の閣僚ら。右上が渡部恒三厚生相（昭和58年12月）
写真提供：共同通信社

鈴木の次に中曽根が総理総裁に就任したのは、水面下では角栄と鈴木と中曽根の間で、話し合いが付いていたわけではなく、最後の最後までどうなるか分からなかったのである。

昭和五十七年十月十六日の総裁選予備選挙の運動開始日が一週間凍結されることになったのは、一本化に時間がかかったからである。中曽根と河本や福田の総理総裁分離論まで飛び出した。総理は中曽根でもいいが、総裁は河本や福田にするという妥協案である。

これに危機感を覚えたのは角栄であった。福田が総裁になって反転攻勢に出ることを恐れたのだ。中曽根も角栄と同じ考えであったので、断固拒絶して予備選に突入したのである。

予備選挙の運動は一カ月にわたって繰り広げられ、十一月二十四日に開票が行われた。中曽根以外にも、河本敏夫、安倍晋太郎、中川一郎が立候補した。中曽根が有効投票の五七・六パーセントを獲得して圧勝したが、田中、鈴木、中曽根の三派の連合の前には、日大人脈をフル動員した河本も遠く及ばなかったのである。

中曽根は五五万九千票、河本は二六万五千票、安倍は八万票、中川は六万六千票であった。中曽根以外の票は、三人合わせても半分にも満たなかったのである。三角大福の次のリーダーとして期待されていたのは中曽根であり、それは誰もが一致するところであった。「風見鶏」と中曽根が酷評されたのは、派閥の力が弱かったからである。それだけに、権力の頂点に立っても、安定政権を維持するためには、気配りが優先されることになった。十一月二十五日に決定した党三役の人事でも、田中、鈴木、福田の三大派閥から起用された。総務会長は福田派の細田吉蔵、幹事長は田中派の二階堂進、政調会長は鈴木派の田中六助であった。総裁派閥でなくなったことで、鈴木派は田中派と一緒に中曽根を担いでも、影響力の点では後塵を拝することになった。

第一次中曽根内閣がスタートしたのは十一月二十七日であった。中曽根を支えたのは、角栄率いる田中派であった。大臣の顔ぶれを見ると一目瞭然であった。

大蔵大臣の竹下登、官房長官の後藤田正晴、厚生大臣の林義郎、建設大臣の内海英男、自治大臣の山本幸雄、環境庁長官の梶木又三の六名が田中派で、法務大臣の秦野章を含めて二人が隠れ田中派といわれた。

朝日新聞の十一月二十七日付の朝刊は「田中曽根内閣」と揶揄するなど、マスコミはこぞって中曽根の政治姿勢を問題視した。にもかかわらず、福田派が反主流に徹することができなかったのは、外務大臣に安倍晋太郎が起用されたことと、ロッキードの灰色高官の一人であった加藤六月が国土庁長官に入閣できたからだ。

中曽根の人事について、北岡伸一は「中曽根は、懸案の行政改革の推進のために、官僚の世界を知り尽くした後藤田が最適の人物だと考えた。後藤田の役割は実際、大きかった。それと同時に、田中派に多い有能な族議員を取り込むことが必要だった。田中の影響という点で批判を受けることを覚悟して、問題解決に取り組むことを中曽根は決断していた」(『自民党　政権党の38年』)と書いている。

中曽根が権力の座に登り詰めるためには、田中派の数が必要だったことは否めない。しかし、それだけではなかった。総合デパートとも評された田中派は、各分野のエキスパートを育てていた。中曽根のやろうとしていることを実現させるには、そうした政治家の力を必要としていたのである。

中曽根がまず手を付けたのが日韓関係であった。昭和五十八年一月十一日に韓国を訪問し、全斗煥と握手をした。引き続き十七日から二十一日まで訪米し、「日米運命共同体論」をぶち上げたのである。当時は北朝鮮に対抗するには、韓国との協力は欠かせなかったし、その上でアメリカとの絆を強化しようとしたのだ。

そのおりにワシントンポスト紙の朝食会で「日本列島を空母に見立て、ソ連の進出を防ごう」と述べたことが、「日本列島不沈空母論」として日本のマスコミでも大きく取り上げられた。中曽根とレーガンとのロンヤス関係が日米の絆を強固にしたのである。鈴木の時代の全方位外交ではなく、アメリカを最大の同盟国と位置付けたのだ。

六月二十六日投開票で行われた第十三回参議院通常選挙でも、自民党は比例区で一九議席、選挙区で四九議席を獲得した。そのときから全国区は比例区に、地方区は選挙区と呼ばれるようになったが、選挙の顔として中曽根は力を発揮したのである。外交を軌道修正し、参議院選挙での信任を得た中曽根は順風満帆の出だしであった。

ロッキード有罪の角栄を弁護

中曽根に関門として待ち構えていたのは、十月十二日の角栄に対するロッキード事件一審判決であった。東京地裁の判決は、受託収賄罪で懲役四年、追徴金五億円であった。角栄はすぐに控訴したものの、世間の風は冷たかった。野党が角栄の辞職勧告決議案を提出したことで、国会は大混乱し、中曽根は国民に信を問うことになったのである。

当時の田中軍団は百人をこえていたが、表立って角栄をかばうのはほんの一握りであった。選挙が間近に迫っているのに、わざわざ火中の栗を拾う者はいないからだ。恒三は違っていた。角栄を見捨てるどころか、田中派の一員としてテレビに登場し「裁判は三審まである」との強気の発言を繰り返したのである。

豊田行二は『人間政治家・渡部恒三』で「バカなことをして、落選したらどうするのだ、と友人たちはハラハラのし通しだった。私はそんな渡部恒三に会津白虎隊を見る思いがしたものだ」と書いた。「まさに、会津白虎精神である。損得勘定では出来ないことである」というのは、恒三に対する最高の誉め言葉である。

暮れの総選挙の前に、木曜クラブの事務局長として、恒三は親友の藤波孝生と対立する一幕があった。選挙通の角栄は、衆参同時選挙を主張していた。両方一緒でなければ、大敗するのは眼に見えていたからだ。

内閣官房副長官であった藤波は、角栄の意を受けた恒三の申し出をはねつけた。藤波は「ロッキード隠し選挙」といわれることを恐れたのである。同時選挙を断行すれば、かえって中曽根内閣の致命傷となるとみていたのだ。いくら親友であっても、それとこれは別であった。

衆議院が解散したのは十一月二十八日で、十二月十八日投開票の第三十七回衆議院総選挙が行われた。田中派の幹部となっていた恒三は全国を遊説にかけずり回った。

とくに、恒三が力を入れたのは福島三区であった。角栄から直接頼まれたこともあり、娘婿田中直紀のために骨を折ったのである。直紀の父親は自由党の代議士であった鈴木直人であった。同じ選挙区から立候補したもので、三木派の菅波茂の地盤を引き継いだのだった。

鈴木政英は恒三のカバン持ちをし、秘書の名刺を持って浜通りを津々浦々まで歩いたという。磐梯町長になる前のことである。恒三は自分の選挙区である福島二区よりも頻繁に足を運んだのである。

また恒三は、秘書の白石卓三を常駐させて応援した。田中真紀子から「パパには夜二時間勉強する時間を与えてください」といわれたのには、白石もビックリした。白石からすれば、そんなことよりも、当選するためには、一軒も多く歩くことだと思ったからだ。

選挙結果は角栄が危惧していたことが現実のものとなった。角栄の「みそぎ選挙」といわれていただけに、自民党は二五〇議席しか獲得できず、追加公認を含めても二五九議席にとどまった。前回の二八四議席、追加公認を含めて二八七議席という数字には遠く及ばなかった。

敗因は選挙の投票率にあった。六七・九パーセントで、盛り上がりに欠けたのだった。中曽根内閣や自民党への支持率は高くても、投票所に足を運んでもらうには、東京地裁での有罪判決がネックになったのである。

大幅に議席を減らしたのは鈴木派、福田派、中曽根派であり、田中派は現状維持であった。田中派が踏ん張ったのは恒三の力が大きかった。定数三の福島三区でも、田中直紀は自民党現職の斎藤邦吉に続く二位で当選した。角栄が我がことのように喜んだのはいうまでもない。恒三自身はトップで六度目の当選を果たした。

敗れたとはいえ中曽根は、新自由クラブとの連立で急場をしのいだ。そして、独自色を打ち出すことに方針を転換した。中曽根は国民に向かっては「田中角栄個人の政治的影響力を排除する」ということを明言したのである。

中曽根が矢継ぎ早に改革を実行に移したのは、角栄の重しが取れてきたからなのである。政治的な指導者としての中曽根のリーダーシップは抜群なものがあった。昭和五十八年十一月には総務庁設置法など行革六法、昭和五十九年八月には健保改正法案、同十二月には電電改革三法案、昭和六十一年十一月には国鉄改革八法案を成立させたのである。

弱い者の味方に徹す

昭和五十八年十二月に発足した第二次中曽根内閣は、行革推進内閣であった。仕事ができる実力者が選ばれたのである。そこで恒三が厚生大臣を拝命したのである。当選六回目にしての快挙であった。

その閣僚名簿を読み上げたのは藤波孝生であった。中曽根の側近として官房長官の要職に就いたのである。そのときの内閣の顔ぶれは、外務大臣が安倍晋太郎、大蔵大臣が竹下登、文部大臣が森喜朗で、恒三は有力閣僚の厚生大臣に就任したのである。

派閥の構成は田中派が六、中曽根派が三、鈴木派が四、福田派が四、河本派が二、新自由クラブが一であった。隠れ田中派の無所属の二が減ったので、田中派はその分だけ数は少なくなった。

恒三が抜擢されたのは、角栄を一貫して擁護したことや、娘婿の田中直紀を当選させたことで、田中派の推薦があったことは否定できないが、それ以上に中曽根が政治家渡部恒三を必要としていたのである。

厚生大臣というポストは予想していなかったので、当初は恒三にも戸惑いがあったようだが、すぐに厚生行政の大切なことを学び、地元県紙の福島民友新聞の新春のインタビューに「政治の原点は、人間が人間らしく健康で長生きできる生活環境を作り上げることだから、これは私の哲学とも一致するし、厚生大臣こそ、私に最適のポストと思うようになりました」と答えている。

恒三は「政治は弱いもののための味方でなければならない」というのをモットーにしており、その意味ではもっともふさわしいポストであった。前任者の林義郎との引継ぎの際に、ついつい「健康な時のタバコはうまい」と語ったことでマスコミに噛みつかれたが、恒三にとってはたわいないジョークであった。脱線しないように、メモを読み上げるだけの官僚政治家と違って、サービス精神が度を過ぎたのだった。

当時の福島二区は会津地方ばかりではなく、須賀川市や白河市といった県南も含まれていた。葉タバコの生産量は、福島県は昭和四十三年から昭和六十三年まで全国一を誇っていた。とくに県南がその中心地であったために、あえて恒三はリップサービスをした可能性もある。その点でも恒三は政治家なのである。

健保法と年金法の改正を実現

厚生大臣として恒三に課せられたのは、健康保険法案と年金法の改正を実現することであった。並みの政治家では難しいからこそ、中曽根は恒三に白羽の矢を立てたのである。いずれも社会保障の根幹をなす大問題である。

改正健保法案というのは、それまで無料だったサラリーマンの医療費に一割の自己負担を導入し、浮いた財源で新たに退職者医療制度をつくるという内容である。サラリーマンに負担を強いることになったが、その一方では、ＯＢらの自己負担率は一割下がり、二割に改善されることになった。

昭和四十八年の田中内閣の時代に「福祉元年」の名のもとに老人医療費が無料化されたが、二度にわたるオイルショックや不況、そこに高齢化が追い打ちをかけた。昭和五十九年には六十五歳以上の人口が国民の一〇パーセントを占めるにいたった。六十五歳以上の医療費が膨大に膨れ上がり、毎年一兆円ずつも伸び、もはや放置できない事態になっていたのである。

しかも、大企業の健保は、そこで働いている人たちから集めた金で医療費が賄えたが、政府管掌の中小企業の健保は赤字になっていた。さらに、医者にかかっても無料というのも、様々な弊害も生んでいた。乱診乱療を招いている原因ともいわれていた。

厚生大臣になってから間もなく恒三は、厚生省保健局長の吉村仁から「先生は医師会のサポートを受けていますか」と聞かれた。恒三が「医師会から一円も受け取ったことがない。女房が歯医者だから、受けたとしたら女房の一票だけだ」と答えたというエピソードは有名である。

恒三が代議士になったばかりの頃には、同じ福島二区には、日本医科大学元教授の八田貞義がいたし、臨時総理大臣代理になった伊東正義の甥っ子も会津若松市の医師であった。恒三は商工族であったから、医師会とのつながりはほとんどなかった。それだけに恒三は「私のことなんか気にせず、どうぞ医師会と存分にやってくれ」と担当者を激励したのである。

吉村のもとで働いた田中耕太郎元厚生省保険局医療課長補佐は「渡部さんがあの時期に大臣で来られたというのは、改正を進めるうえで本当に大きなことだった」と功績を讃えている。

元厚生省大臣官房総務課課長補佐の和田勝も「そう、渡部恒三さんで助かったのですよ。早稲田の雄弁会で海部俊樹、森喜朗さんたちと競い合い、無所属で国会議員に当選し、『東北のケネディ』だと売り込んでおられた。浪花節的に話がうまくて大変な方でした」と絶賛している。

国会対策で恒三自身が陣頭指揮を執ったことで、当時の厚生官僚は助かったのだった。厚生省出身で内閣参事官だった江利川毅は、衆議院社労委員会の自民党の筆頭理事今井勇が急病で倒れて、後任をすぐに決めなければならなかったときの、恒三の決断が忘れられないという。

普通であれば、年功序列で若い代議士の名前が上がるのに、恒三は自民党とかけあって、厚生大臣経験者の小沢辰男に筆頭理事になってもらったからだ。恒三がなぜ小沢にしたかというと、「県は違うけど、選挙区が新潟で隣り、前からずっと親しかったということと、同じ田中派で医療問題を一番わかっている。そういうことで小沢さんしかいないと思ったからだ」と恒三は後日、江利川に語ったのだった。

厚生省の官僚にとっては、小沢辰男は厚生省の健保課長をしたこともある大先輩で、親身になってくれる人柄だったために、対野党との交渉もスムーズに進んだ。内閣の一つや二つ吹っ飛びそうな法案を、恒三は見事に通過させたのである。

昭和五十九年八月四日に健保法改正案が国会を通過した。午前一時から参議院社会労働委員会で賛成多数で可決し、引き続いて参議院本会議でも可決された。恒三が厚生大臣として法案を提出したのは二月二十五日であり、通常国会の会期を七十七日間延長した上での成立であった。

年金法改正案についても、恒三は「現在は、六人が掛け金を納めて一人に年金を給付しています。二十一世紀には三人に一人になるんです」と訴えて理解を求めた。少子高齢化に備えて、政治の責任を果たそうとしたのである。年金がもらえなくなる事態を避けるための改革であった。

基礎年金が導入され、国民年金の加入者が二十歳から五十九歳の全国民に拡大された。そして、厚生年金と共済年金については、基礎年金に上乗せした報酬比例年金としたのである。厚生行政については素人だと思われていた恒三が、いろいろな人の手助けがあったとはいえ、大仕事をやってのけたのである。

竹下を担ぐ動きが活発化

田中派のなかで、竹下登を担ぐ動きが表面化したのは、昭和六十年二月七日からである。竹下を中心にしたグループが創政会を立ち上げたからだ。衆議院からは二十九人、参議院からは十一人、合わせて四十人が参加した。当初入会届を出したのは八十四人であったが、実際に顔を出したのは半分以下であった。角栄の切り崩し工作で断念したのである。参加者のなかに恒三がいたとはいえ、小沢一郎や梶山静六らの強硬派とはスタンスが違っていた。恒三は最後まで双方が妥協することを模索したからだ。

大下英治の『一を以って貫く　人間小沢一郎』では「金丸のもとに、穏健派の渡部恒三から和解工作が持ちこまれていたのである。いずれ田中は勉強会を許す。その代わり明日の総会を延期してくれ、というものであった」と書いている。恒三の説得に金丸は心動かされ、一時は角栄と会おうとした。それを阻止したのが小沢であった。

創政会設立の動きは、水面下では前年暮れから計画されていた。十二月十九日に小沢一郎をはじめ、金丸信、竹下登、橋本龍太郎、羽田孜、梶山静六の六人が赤坂のフランス料理屋「クレールド・ド・赤坂」に極秘裡に集まった。ここで竹下を中心とする勉強会を立ち上げることを確認していた。

ついで、十二月二十五日には築地の料亭「桂」で二度目の会合が開かれた。出席者は一回目のメンバーに、小渕恵三、中村喜四郎、中島衛、保利耕輔、田原隆、額賀福志郎、参議院からは遠藤要、井上孝らが加わった。そして、メンバーの選定は竹下と梶山が行った。そこには恒三は含まれていないのである。

義理堅い恒三は、角栄に後足で砂をかけたわけではない。率先して自分が先頭に立ったわけではなく、後になって声をかけられたのであり、そこに参加する許しを請うために、わざわざ目白の田中邸まで足を運んだのである。「竹下内閣をつくるために勉強会をつくるのは、オヤジに対する裏切りではありません」と理解を求めたのだった。

角栄は恒三を怒鳴りつけて、福島二区に対抗馬を擁立するような言葉まで口にした。会津出身の警察官僚である川島広守の名前を出して、翻意させようとしたのだ。恫喝そのものである。

厚生大臣であった恒三は、創政会立ち上げの中心にいたわけではない。「トルコ風呂」が「ソープランド」に名前が変わったのは恒三の功績が大きいということで、トルコ政府からの招待で何日間か日本を離れていた。事前の動きを田中派の議員秘書から聞いた秘書の白石が恒三に耳打ちすると、「様子を探っておけ」と命じたのだった。

角栄離れが加速したのは、途中から入ってきたベテラン組が、角栄から優遇されることへの若手の反発もあった。江崎真澄、田村元、小坂徳三郎らは他派閥から入ってきたのに、田中派の中枢を占めていた。とくに、江崎は二階堂に次ぐ序列とされたのだった。

金丸信が創政会を発足させるにあたって、主に声をかけたのは衆議院では当選六回以下、参議院では当選三回以下の閣僚未経験者に対してであった。不満を持っていることを察知していたからだ。田中派が強大化したことで、かえって派内が分裂することになったのだ。

もう一つ考えられることは、中曽根から竹下への働きかけがあった可能性である。自民党の主な派閥は、総理総裁を目指す人材が明確になっていた。鈴木派は宮澤喜一であり、福田派は安倍晋太郎であった。それと比べると、田中派は誰になるか漠然としていた。二階堂が色気を見せてはいるが、すでに終わった政治家であった。中曽根は自分の影響力を発揮するためにも、角栄の後継者に竹下が名乗りを上げることを望んでいた節があるからだ。

創政会騒ぎの後でも、恒三は角栄と無縁になったわけではなかった。時間があるとご機嫌伺いに目白の田中邸を訪ねた。田中派の若手の不満を角栄にぶつけたのだ。恒三は当選回数が少ない後藤田正晴を優遇していることを批判し、自分より年上の後藤田を君づけて話したらば、角栄に一喝された。これには恒三も気分を害したが、オヤジであることには変わりがなかったのである。

権力者は、力がなくなれば、すぐに見捨てられるのである。佐藤栄作の権力に楯突いた男が、今度は逆の立場になったのである。子飼いであった恒三に怒りを爆発させたのは、誰も信じられなくなったからだろう。

田中派の閣僚経験者の集まりである「さかえ会」が二月二十六日に港区赤坂の料亭「かわさき」で開かれたが、そこでの角栄は上機嫌で日本酒をあおっていた。

恒三も出席していたので、盃を頂戴しに角栄の目の前に行くと、角栄が日本酒をなみなみと注いでくれ、恒三や若手の意見も聞くようなことを口にした。しかし、それはかなわぬ夢でしかなかった。翌日に角栄は脳梗塞で倒れ、飯田橋にある東京逓信病院に緊急入院をした。恒三にとっては人生の師であるオヤジが病に倒れたことは、筆舌につくしがたいものがあった。

病名は可逆性虚血性神経障害で、復帰までに三、四週間かかるといわれ、体の自由は失われ、喋ることができなくなった。正式に引退するのは平成二年秋であるが、この日を境にして、政治家田中角栄は過去の人となったのである。

第二次中曽根内閣の昭和六十年、日本経済は大激動期に突入した。九月二十二日にニューヨーク市のプラザホテルで行われた、先進五か国蔵相・中央銀行総裁会議において、為替ルートを安定化するために、ドル高の是正が決まったからだ。

自由貿易を守るために、協調してドル安に誘導しようとしたのだ。これがプラザ合意である。対米貿易黒字を計上していた日本は、世界経済の調和という観点から、軌道修正を迫られたのである。

一ドルが二百四十円だったのが、昭和六十一年五月には百四十円台、年末には百二十円台となった。これによって日本は円高不況になり、企業の海外進出に拍車がかかった。前川レポートによって、内需拡大や規制緩和の方向性が示された。

そうした難局を何とか乗り切って、昭和六十一年五月四日から六日までの東京サミットを成功させた中曽根は、衆参同時選挙という賭けに出たのである。前回の敗北を挽回するとともに、総裁の任期延長の気運を盛り上げようとしたのだ。

選挙法の改正によって議員定数の不均衡問題が解決したとはいえ、周知期間が三十日ということもあって、解散は無理だと思われていた。ところが六月二日に急きょ臨時国会を召集し、即日解散したのだった。世にいう「死んだふり」解散である。

七月六日投開票で行われた第三十八回衆議院総選挙と第十四回参議院通常選挙で、自民党は衆議院では三〇〇議席（追加公認を含めると三〇四）を獲得し、得票率は四九・四パーセントであった。参議院でも、比例区二二、選挙区五〇で、得票率は比例区三八・六パーセト、選挙区四五・一パーセントであった。

歴史的な大勝で中曽根の任期延長の話が持ち上がり、それを竹下が支持した。福田派を受け継いだ安倍晋太郎は抵抗したが、宮澤喜一はどっち付かずで、最終的には懸案を処理するまでということで一致した。竹下、安倍、宮澤はニューリーダーと呼ばれ、中曽根後の総理総裁の座をめぐって、熾烈な幕が切って落とされたのだった。

第三次中曽根内閣がスタートしたのは七月二十三日であった。党三役は幹事長が竹下登、総務会長が安倍晋太郎、政調会長が伊東正義であった。

内閣の顔ぶれは金丸信が副総理、官房長官は後藤田正晴で、田中派を受け継いだ竹下との連合という色が濃厚であった。自民党の両院議員総会で中曽根の任期延長一年が決定したのは九月十一日のことであった。

中曽根は十一月二十八日に国鉄改革関連八法案を成立させ、昭和六十二年二月三日には売上税法案とマル優廃止法案を決定して、増税を断行しようとした。しかし、自民党は岩手県の参議院補選で敗北するとともに、同年の統一地方選挙でも大敗を喫した。

中曽根は前年の衆参同時選挙では「大型間接税はやらない」と明言していたこともあり、国民ばかりではなく、支持者の自民党員からも猛反発をされたのだった。そして、売上税を断念せざるを得なくなったのである。

密命を帯びて中曽根訪米に同行

竹下が幹事長室にじきじきに恒三を呼んだ。昭和六十二年四月二十九日からの中曽根の訪米を前に、恒三は竹下から幹事長室に呼ばれ、「中曽根総理に同行してくれ」と言われた。大臣経験者たるものが、総理外遊にお供として出掛けるのは前代未聞であった。厚生大臣の大役を果たした恒三は充電中の身であった。

そうでなくても、中曽根側近の藤波孝生からの要請で、国対副委員長の職にあった。これとて大臣経験者としては異例のことであった。藤波が恒三の親友であるから一肌脱いだのである。

藤波からも「同行議員団の団長になってくれ」と頼まれて断った経過がある。それなのに、竹下からも言われるとは思ってもみなかったのである。同じことを副総理の金丸からも言われて、恒三は直感的に大変な役目であることに気づいた。

その当時は、懸案の売上税を中曽根がどう処理するかに注目が集まっていた。竹下が政権を取れるかどうかが決まるからだ。中曽根の懐に飛び込むことができる人間は恒三しかいない。それを見込んで竹下も金丸も恒三に頭を下げたのである。

恒三は、中曽根の意思が会期の延長でないことを確認することができた。帰国後すぐにパレロワイヤル永田町の金丸事務所を訪ねた。「通常国会はこのまま終わる」との感触を得たことを報告したのだ。

中曽根が「国会をしっかりやってくれよ」と言ったので、恒三は「いやぁ、九回の裏ですから、全力投球で頑張ります」と返事をしたら、「七回の裏ですよ」とたしなめられたのである。

誰が考えても無理はしないということである。もはや国会がメチャクチャになることない。自民党が守勢に立たされなければ、後継者は竹下しかいない。これで勝てると思った竹下と金丸は、同年七月四日に経世会を結成した。

「経世」という名称は「経世済民」の「世をよく治めて人々を苦しみから救うこと」を意味する。会長は竹下登、副会長に亀岡高夫、長田裕二、事務総長に小渕恵三、事務局長に羽田孜、総務局長に小沢一郎が就いた。

第六章　海部内閣で自治大臣・国家公安委員長

海部内閣で自治相・国家公安委員長に　令和2年8月25日福島民友新聞掲載

中曽根首相の裁定で、竹下登が次期総裁に指名されたのは、昭和六十二年十月二十日である。正式に決まったのは、三十一日の自民党の臨時党大会においてであった。なぜ中曽根が竹下を選んだかというと、それもまた謎に包まれている。中曽根は角栄に国会議員を辞めるように働きかけようとしたといわれ、その処置に頭を抱えていた。角栄の勢いをそいだ竹下の労に報いろうとしたのではないか。

竹下派が最大の勢力であり、安倍や宮澤を後釜にするよりは安定した政局運営ができることも念頭に置いていたはずだ。竹下は、幹事長に安倍晋太郎、政調会長に伊東正義、総務会長に水野清を据えた。また、大蔵大臣に宮澤喜一を起用し、竹下以外のニューリーダーにも気を遣った人事となった。

恒三は国対委員長を命じられた。中曽根ができなかった新型間接税を導入するには、野党との交渉が大事になるので、敵をつくらない恒三の人間性を、竹下を見込んだのである。

竹下は官邸を強化するために、官房長官は小渕恵三、副官房長官を小沢一郎とした。小沢は第二次中曽根内閣で自治大臣を経験している。異例なことではあったが、竹下は自分の周囲を側近で固めようとしたのだ。

小渕は第二次大平内閣で総務長官を歴任しており、小沢の二期先輩である。竹下を立てることにかけては人後に落ちなかったのが小渕である。いくら竹下の弟亘の妻が、小沢の妻の妹ということで親戚ではあっても、身近に小渕を置き、小沢は裏方に徹することになったのである。

国会対策というと五十五年体制とみられがちであるが、国会を円滑に動かすためには必要悪なのである。野党ばかりではなく、政府は与党からも叩かれるサンドバックがないと、物事は先に進まないからである。

もちろん、国対委員長の恒三が一人で決めるわけではなく、チームワークが求められるのは当然である。大下英治の『人間渡部恒三　政界再編の鍵を握る男』と『一を以って貫く人間小沢一郎』では、どのような対応をしたのかについて詳細に書いている。

竹下は、公明党委員長の矢野絢也、民社党委員長の塚本三郎を、小沢一郎は民社党書記長の大内啓伍をそれぞれ担当した。絶対反対の社会党は後回しにして、まずは是々非々の政党にアプローチをしたのである。

いくら自民党が衆参で圧倒的な議席を持っていっても、単独では法案を可決することはできない。まずは野党の一部であろうとも、審議に応じてくれるように、妥協案を示すしかないのである。

恒三は小沢から、大内が「減税を先行させるなら協力する」との情報を得ていた。その当時から民社党や公明党は政権に入りたがっており、建設的な提案をして揺さぶりをかけてきたのだ。

大内は一兆円を超える財源まで示して、小沢に決断を迫ったのである。当時の恒三は、小沢とはツーカーの仲であったから、その情報に接してすぐに動いたのである。どうせ税制改革法案では四兆円近い所得税減税を行うことになっていたので、それを先取りするだけであった。

恒三は自民党政調会に諮らずに、民社党との国対委員長会談で、先行減税を約束したのだった。立場を失ったのは政調会長の渡辺美智雄であった。渡辺から「国対委員長が、一兆円もの先行減税を決める権限がどこにあるんだ」と怒られた。

波風が立とうとも、恒三は幹事長の安倍晋太郎を説得して、局面を打開することができたのである。そのときに国対筆頭副委員長であったのが小泉純一郎で、臆することなく恒三の援護射撃をした。

あくまでも渡辺は面子をつぶされたことが許せなかったのだが、議会運営委員長の三塚博も腹を立てた一人であった。竹下、小沢、恒三のラインで物事が決まっていくことに対して、快く思わない与党関係者は多かったのである。

昭和六十三年七月十九日に召集された臨時国会で税制改革法案が審議入りした。恒三らの努力が功を奏し、七月二十九日の竹下首相の所信表明演説前に、税制改革法案とは別に減税法案を成立した。第一関門を乗り切って九月十四日からは税制改革等特別委員会の初会合が開かれ、民社、公明にとどまらず、社会、共産の理事も出席した。それでも間接税導入に対する国民の反発は強く、税制改革法案が成立したのは十二月二十四日のことである。

一内閣一案件ということでは、竹下はそれなりの仕事をしたことになる。中曽根をもってしてもできなかった懸案をやりとげたことは功績である。

リクルート事件で竹下退陣

川崎市の助役がリクルートコスモス株で一億円の売却益を得ていたとの記事が、昭和六十三年六月十八日付の朝日新聞に載った。当初は一大疑惑になるとは思われていなかったが、派閥を超えて政界関係者にも未公開株が渡っていることが明らかになり、自民党が国民からそっぽを向かれて、竹下はどん底に突き落とされたのである。

マスコミの取材によって、前首相の中曽根康弘、首相の竹下登、蔵相副総理の宮澤喜一、自民党幹事長の安倍晋太郎、自民党政調会長の渡辺美智雄らをはじめとして、自民党の有力議員ら約九十人に未公開株が渡っていたことが判明した。東京地検特捜部は本格的な捜査に乗り出し、平成元年二月十三日に元リクルート会長の江副浩正ら四人、三月六日には元NTT会長の真藤恒、八日には前労働事務次官の加藤孝、二十八日には前文部事務次官の高石邦男を相次いで逮捕した。

竹下も窮地に立たされた。リクルートから五千万円を借りていたことが発覚したからだ。事情聴取に際して、秘書の青木伊平は事務所の出納帳を持参し、単純な金の貸し借りだったという説明をした。東京地検としては「シロ」と判断をしたが、竹下サイドがそれを公にしたかったために、朝日新聞がすっぱ抜いたのだった。

これで世論が猛反発をしたために、竹下は四月二十五日に退陣を表明した。そして、翌日には秘書の青木が自殺をしたのである。東京地検は、政界ルートとして、元官房長官の藤波孝生と元衆議院議員の池田克也を受託収賄罪で在宅起訴した。

藤波は失意の政治家と評される。中曽根派の期待の星として、労働大臣や内閣官房長官を歴任したが、リクルート事件に絡んで政界を追われることになった。しかし、政治家としての評価は高く、藤波が「国は病んではいけません。国が病まないように、人が幸く、永遠に幸く暮らすことが出来るように努力をしたいと思います」と綴った手紙が、平成三十年に産経新聞に掲載されている。

裁判中であった平成九年十月十一日に支持者に出したもので、俳人としても知られ、有名な句に「控えめに　生くる幸せ　根深汁」がある。潔癖であった藤波が、自分のために手を染めたのではなく、世話になった中曽根のために防波堤になったのではないかといわれている。

前首相の中曽根に対して五月二十五日の衆議院予算委員会で証人喚問が行われたが、立件するまでにはいたらず、五月二十九日に宮澤前蔵相の秘書を含む国会議員秘書四人を、政治資金規正法で略式起訴をして、東京地検は捜査終結宣言を行った。

税制六法案が成立する前の昭和六十三年十二月九日、リクルートからの未公開株の譲渡をめぐっては、宮澤が蔵相を辞任し、成立後も法務大臣の長谷川俊が、平成元年一月には経済企画庁長官の原田憲が大臣の職を辞した。

リクルートの政官界工作は想像に絶するものがあり、非公開株の譲渡以外にも、大量のパーティ券の購入、巨額の政治献金などで、大物政治家が軒並み巻き込まれた。現職の竹下だけでなく、安倍も宮澤も他人事ではなく、新たなリーダーとして期待されていた恒三の親友である藤波などは、政治生命を断たれてしまったのである。

政官財を含めての一大スキャンダルであり、それがあったからこそ、政治改革の機運が盛り上がることになったのである。リクルート事件によって自民党全体が矢面に立たされたが、恒三は何の便宜もリクルートから受けてはいなかった。会津っぽは金では動かないと思われていたのだろうか。同じ選挙区の伊東正義も同様であった。

次の首相として竹下は、安倍晋太郎を考えていたといわれるが、安倍自身の健康がそれを許さなかった。平成元年四月に入院していたからだ。そこで竹下は、次善の策として、外務大臣であった宇野宗佑を選んだ。いかに内閣の支持率は急落したとはいえ、竹下派は多数派であったからだ。

それをよしとしない旧田中派の二階堂グループから元防衛庁長官の山下元利が名乗りを上げたが、六月二日の両院議員総会で、宇野が総裁に指名され、同じ日に国会で首班の指名を受けた。

一時期、恒三と同じ会津人である伊東正義を推す動きもあったが、「世代交代とリクルート関連議員の辞職」を主張したことと、健康問題で実現するにはいたらなかった。

宇野スキャンダルで海部が首相に

宇野内閣がスタートしたのは、平成元年六月四日のことであった。恒三はリクルートで少しの瑕疵（かし）もない自分が、今度こそは通産大臣で入閣できると考えていた。国対委員長として、重責を果たした自負心があったからである。予想に反して、恒三には声がかからなかった。それと比べると、大抜擢されたのが幹事長に就任した橋本龍太郎であった。自民党としては、若返りに向けた第一歩であった。

船出早々の六月六日、宇野の女性スキャンダルが発覚し、政権運営が困難になった。同日に発売されたサンデー毎日に、芸者の女性による告発記事が掲載され、宇野が「指三本（月三十万という）を出して愛人になれ」と言ったことが取り上げられ、それが致命傷となったのである。

宇野のもとで行われた、七月二十三日投開票の第十五回参議院議員通常選挙では、自民党はかつてない惨敗を喫した。改選数一二六に対して、自民党は比例区一五、選挙区二一の合計三六議席にとどまった。絶対的に強いはずの定員一の選挙区でも、三勝二十三敗となった。

その結果を受けて宇野は退陣を表明した。自民党に対する信頼は地に落ちたのである。そして、安倍、宮澤、渡辺美智雄の三人は、リクルート事件で総裁選に出馬する雰囲気でもなかった。漁夫の利を占めたのは、恒三の早稲田雄弁会の仲間であった海部俊樹であった。

こういう場合には、主流派に属さない傍流にチャンスが回ってくるものだが、河本派を率いる河本敏夫が高齢であったために、一躍海部俊樹が担がれることになったのだ。女性スキャンダルの逆風にさらされていたこともあり、それとは無縁な政治家として海部が選ばれたのである。

恒三は『耳障りなことを言う勇気』で、海部に決まるまでの裏話を披露している。宇野の後継ということで、金丸信が念頭に置いていたのは橋本龍太郎であった。女性から人気があるばかりでなく、政策通で頭が良いというのは、大方の一致した見方であった。金丸は小沢一郎と奥田敬和に命じて、橋本のその辺の事情を問い質した。二人は「残念ながら橋本君は無理だと思います」と報告した。

それではというので、海部俊樹を担ぐことになったが、金丸は「そう言えば渡部、お前、海部俊樹と確か学生時代の友達だったろう」と切り出してきた。女性関係が派手かどうかを恒三に聞いたのである。

これに対して、恒三は「はい、彼は学生時代に今の奥さんと知り合って、それ以来、女房一筋ですよ。妻以外の女を知らない情けない男ですよ」と冗談を口にしたら、金丸が「それなら海部で行こう」ということになったのである。

金丸は竹下派経世会の会長であり、その一言で決まったのである。能力やリーダーシップのあるなしよりも、マスコミ受けするかどうかが問題であることを、金丸は理解していた。老練な政治家は機を見るに敏なのである。

経世会の竹下派と中曽根派から推され、さらには河本派の支持を取り付けた海部は、八月八日の党大会で宮澤派が推した二階堂グループの林義郎、安倍派が推した石原慎太郎を大差で破って自民党総裁に就任した。五十七歳の若さであった。

任期は十月までであったので、他に対抗馬がなかったこともあり、十月三十一日の党大会において、平成四年十二月までの任期で再選されたのだった。しかし、国会の首班指名選挙においては、衆議院では自民党単独でも過半数を制したが、参議院では社会党の土井たか子が指名された。憲法の規定によって、衆議院の優越ということで、海部が選ばれたのだった。

昭和生まれの初の首相の誕生であった。

「ふるさと」の総仕上げ

一次海部内閣がスタートしたのは、八月十日のことであった。自民党執行部は、幹事長に小沢一郎、総務会長は中曽根派の唐沢俊二郎、政調会長は安倍派の三塚博であった。恒三は自治大臣・国家公安委員長として、二度目の入閣を果たした。内閣の有力閣僚である大蔵大臣には橋本龍太郎が就いた。

内閣の派閥別構成では、河本派二、竹下派五、中曽根派四、安倍派四、宮澤派四、民間一であった。環境庁長官に森山眞弓、経済企画庁長官に高原須美子の二人の女性が含まれていたことが話題を集めた。

組閣後間もなく、官房長官の山下徳夫の女性問題がマスコミを賑わし、急きょ森山が後任となり、斬新さをアピールすることとなった。女性の官房長官は森山が初めてであった。それ以前に第一次小泉内閣、第一次小泉改造内閣で法務大臣、宮澤内閣で文部大臣を歴任していた。

この段階ですでに、自民党は戦後保守の役割を終えていたのではないだろうか。各派閥とも、エース級の領袖が登場することなく、本来であればマウンドに立てない投手にチャンスが回ってきたのである。国民受けするかどうかが重要になってきたのだ。農村や商工業者に根をはっていた自民党が、その地盤を失って、サラリーマン層にシフトしていくためには、政党として変わらざるを得なかったのである。

世界の流れは、それ以上にドラスチックであった。海部はアメリカとの日米構造協議、湾岸戦争などにおいて、政治的なリーダーシップが問われることになったのである。国内に目を転じれば、リクルート事件による国民の政治不信を解消するためにも、政治改革は避けては通れなくなっていた。

演説のうまさと清新なイメージのおかげで、海部は国民から人気を博した。支持率は発足時には不支持が上回っていたものの、退陣間際まで高い支持率を誇ったのである。政治がより身近に感じられるようになったからだろう。

自治大臣としての恒三の功績は、竹下内閣がメインのスローガンに掲げた「ふるさと創生」の総仕上げをしたことであった。ふるさと創生事業というのは、国が昭和六十三年から平成元年にかけて、各市町村に対して地域振興のために、一億円を交付したもので、竹下登のアイディアであった。

それ以前から地方公共団体が主導した地域づくりが盛んに行われていたために、それをバックアップする意味合いがあった。福島県では、福島市で古関裕而記念音楽祭の開催、飯野町（現福島市）で「ＵＦＯの里」の建設費にあてられたほか、会津地方では温泉施設が整備された。

首都圏や太平洋ベルト地帯に人口が集中し、地方に活気がなくなっていただけに、新しい挑戦として好意的に受け止める人が多かった。一自治体あたり平均三・三の事業が行われ、ハコモノをつくるのではなく、人材育成などのソフトに多くが使われた。

恒三が自治大臣のときに、各市町村に地域の振興のために一億円が分配されたのである。中央からのひも付き予算ではなく、自由に使っていいというので、それぞれの市町村がアイディアを競った。

もう一つはパチンコ店へのプリペイドカードの導入である。主な目的は脱税を防ぐためであった。遊技者がパチンコやパチプロをするにあたって、事前にプリペイドカードを購入することで、その記録された情報から、パチンコホールの売り上げを管理するというシステムである。

パチンコ業界からかなりの抵抗が予想されたが、スンナリと実現した背景には、当時の国際情勢が関係していた。昭和六十二年十一月二十八日に大韓航空爆破事件が起きており、パチンコ業界と北朝鮮との関係が取り沙汰されていたからだ。

このまま放置しておくと、米国から批判されるというので、パチンコ業界と北朝鮮とのパイプを断ち切ろうとしたのだ。当時の警視庁保安課長は、今の自民党の衆議院議員である平沢勝栄であった。平沢は外事畑を歩んできたこともあり、それを実現するために、「全国共通プリペイド構想」を推進したのである。

それ以前は、現金への交換は店内で行われていた。パチンコホールの貸し玉決済をテレホンカードのような全国共通のプリペイドカードに切り替え、両替の場所を店の外にしたのである。表向きは脱税防止対策であったが、それ以上に北朝鮮との関係を遮断するのが狙いであった。

朝鮮総連の支配下にあった全日本遊技業協同組合連合会がプリペイドカード構想に反対したために、警察当局との関係を重視した各パチンコホールがそこを脱退。平成元年五月には新たなホール団体「全日本遊技業組合連合会」が結成され、さらには、六月には警察庁肝いりの業界横断団体として「日本遊技関連事業協会」が設立した。

これによって二十四年もの歴史を誇っていた朝鮮総連の影響力が取り除かれたのである。

しかし、その一方では、プリペイド構想が遠因となって、パチンコのギャンブル性が高まったといわれるが、それは後々のことである。

プリペイドカードを導入できたのは、恒三が自治大臣であったからである。普通であれば野党が徹底して抵抗するはずなのに、それもなかった。恒三がどんと控えていたことが大きかったのである。

それまでは自治大臣といえば、たいした権限もない格下大臣と思われていた。国の根本に関係する問題を処理したわけだから、恒三のおかげで自治大臣の評価を高めることになったのである。

海部人気で退潮に歯止め

巧みな演説で国民を魅了する海部は、平成二年の第三十九回衆議院総選挙で、自民党の退潮に歯止めをかけることになった。二月十八日投開票で行われたが、前回より二〇議席を減らしたといえ、自民党は二七五議席、追加公認を含めると二八六議席を獲得した。参議院では過半数を占めて居なくても、衆議院で過半数を制したことは大きかった。

最大の総選挙の焦点は「消費税の導入」といわれながらも、国民は政局の安定を望んだのだった。また、ソ連をはじめとする東側陣営の崩壊が目の当たりにして、自由主義か共産主義かの体制選択の選挙でもあった。

その結果を受けて第二次海部内閣がスタートすることになったが、幹事長には小沢一郎が再任された。内閣の顔ぶれでは、外務大臣の中山太郎と大蔵大臣の橋本龍太郎が続投することになった以外は一新され、恒三の後釜の自治大臣には、同じ竹下派の奥田敬和が就任した。

日本の政治が漂流することになるのは、まさしくその時代からであった。東西冷戦の終わりを受けて、予想もしなかった出来事が相次いだからである。ソビエトを敵視することで結束していたのと違って、西側陣営内部での利害の衝突が顕在化したのである。その一つが日米構造協議であった。すでに前年から交渉自体は始まっていたが、いよいよ大詰めを迎えたのである。

石油危機による不況から脱出する戦略として日本が選択したのは、輸出を拡大するということであった。これでもろに影響を受けたのはアメリカであった。当初アメリカが求めてきたのは自主規制であった。日本が対米自動車輸出などを制限するという施策である。次いで、昭和六十年のプラザ合意を踏まえての、円高ドル安による通貨規制であった。為替が円高になれば、日本による輸出攻勢は難しくなるからである。

しかし、その二つを実行に移しても、たいした改善がみられないために、アメリカは新たな要求をしてきた。日本の非関税障壁を槍玉に挙げたのである。日本がアメリカと違った構造を持った社会であることを批判し、アメリカのような構造にすることを要求してきたのである。

そこでアメリカが問題にしてきたのは大規模店舗法であった。大型店舗が進出できないようにしているのは、日本の流通の効率化を妨げ、アメリカ製品の対日輸出の障壁になっているというのだ。

これはまさしく日本への内政干渉であり、断固として撥ねつけるべきであるのに、海部は応じることになったのである。北岡伸一は、竹下派（経世会）が弱腰であったと指摘している。

「これが興味深いのは、一昔前なら内政干渉として一蹴されたであろうようなテーマが問題とされたことであり、また、中小商店という自民党の基盤を直撃する要求だったことである。たしかに、日本経済の規模の大きさ、貿易黒字の大きさ、国際経済との関わりの深さから、大店法は日本固有の伝統や秩序だと言い逃れる段階ではなくなっていた。しかしその改革は、自民党の支持基盤にメスを入れなければ解決できなくなっていたのである。海部内閣を支えていた竹下派は、この方向ではかなり協力的で、成果を上げている」(『自民党　政権党の38年』)

竹下派がアメリカに反発することができなかったのは、田中角栄の逮捕というトラウマがあったからではないか。要求を呑まなければ、同じ目に遭うという恐れである。とくに、小沢一郎のように権力の中枢にいればいるほど、アメリカの圧力をひしひしと感じたのではないだろうか。

一方、そのことは同時に、従来の自民党の支持基盤が崩れることであった。地域の商店街が壊滅することは、あらかじめ予想されたことであった。海部を支えていた竹下派は苦渋の決断を迫られることになったのである。

湾岸戦争と日本

平成二年八月二日イラクがクウェートに侵攻した。八月八日にはクウェートの併合を宣言した。フセインはクウェートの豊かな石油資源を手に入れようとしたのだ。

サウジアラビアなどのアラブ諸国は、合同派遣軍を結成し、イラクとの対決姿勢を強めた。これに呼応するかのように、アメリカは国連安全保障理事会を動かし、八月二十五日には、イラクに対する経済制裁と、限定的な武力行使を認める決議を提出し、賛成多数で可決した。それでもイラクは撤兵しなかったので、十一月二十九日の国連安保理は、武力行使を容認する決議を賛成十二、反対二（キューバ、イエメン）、棄権一（中国）で採択した。

藤原彰の『体系日本の歴史⑮　世界の中の日本』では「アメリカ軍を主力とする軍事行動に、ソ連が賛成したのは、米ソ関係の大きな変化のあらわれである。拒否権をもつ五大国の一つ中国が反対しなかったのも、天安門事件による国際的孤立をおそれる中国の態度の軟化のあらわれである」と書いている。ソ連や中国も反対しなかったので、アメリカは力の行使に踏み切ったのである。

ソ連ではゴルバチョフが大統領に就任し、民主化が進み、市場経済に向かう混乱が起きていた。平成元年四月に民主化運動の理解者であった胡耀邦が死去すると、北京の学生が追悼デモを行い、それが異常な盛り上がりを見せて、天安門前に座り込むという事態となった。

ソ連と同じようなことになるのを恐れた鄧小平ら指導部は平成二年六月四日、軍隊を天安門前広場に突入させ、学生らの死者は一万人を超える（「英国の外交文書」）ともいわれている。欧米は足並みを揃えて、制裁措置を強めていたこともあって、中国は四面楚歌の状態であった。

アメリカ軍を主力とした多国籍軍は平成三年一月十七日、戦艦からの巡航ミサイルによる攻撃を皮切りに、戦争に突入した。二月二十三日からは地上軍を投入し、二月二十八日にはイラクを屈服させた。ハイテク戦争と呼ばれただけあって、新兵器の実験の場となったのである。

海部内閣はすぐにイラクを非難した。アメリカと共同歩調を取ったのである。しかし、世界の日本への風当たりは強かった。中東地域の原油に大半のエネルギー源を頼る日本が、「一滴の血も流さないのか」と批判されたのだ。

国際社会が一致して行動しようとしているときに、日本だけが腰が引けているとみられたのだった。戦後の日本では想定していない事態であったために、自衛隊の派遣は困難を極めた。

海部内閣は悩みぬいた末に、自衛隊員を併任の形で国連平和協力員にするといった、国連平和協力法案を平成二年十月の臨時国会に提出したが、国民の理解を得られず、十一月には廃案となった。

三木派の流れをくむ河本派に所属していた海部は、アメリカの要求をどう拒むかで頭を悩めていた。派閥的にもタカ派ではなかったからだ。それで手っ取り早く金で解決する道を模索したのである。しかし、それはあまりにも場当たり的であった。

八月末に十億ドル、さらに九月にはプラス十億ドル、それでも足りないとアメリカから言われたので、平成三年一月になると、九十億ドルの追加支援を決定した。トータルでは百三十億ドルに達した。

アメリカにとっては、日本は打ち出の小槌であった。これによって、アメリカ軍の戦費の大部分をまかなうことができたのである。しかし、いくら金を出しても、日本は国際社会から賞賛されたわけではなかった。このままでは孤立するというので、四月二十四日に海部内閣は海上自衛隊の掃海部隊を派遣することを決定し、政府声明を出した。

戦争が終結したのを見届けて、自衛隊法に自衛隊の任務として「機雷などの除去」と書いてあるのを、拡大解釈したのである。何もしないわけではなく、海部内閣では、国際貢献に向けた一歩を踏み出したのである。

皮肉なことに、それを推進することになったのは、タカ派で右寄りの安倍派や渡辺派ではなく、竹下派と河本派であったことだ。政権中枢を担っていたことで、アメリカとの交渉の矢面に立たざるを得なかったのである。

護憲勢力の牙城であった宮澤派は、他人ごとで非協力的であった。幹事長であった小沢は、国連中心主義を唱えていたこともあり、世界が一致してことに当たろうとする場合には、軍事的なオプションも含まれるとの持論を展開した。

小沢の幹事長辞任で政局混乱

国際貢献を前に進めることができたのは、公明党の協力のおかげであった。そこで小沢は、公明党の推す元NHK特別主幹の磯村尚徳を東京都知事選に擁立した。現職で四選を目指す鈴木俊一を担ぐ自民党東京都議団が反発し、自民党中央と東京都連との分裂選挙となった。

平成七年四月七日投票の東京都知事選挙では、鈴木が当選し、磯村は及ばなかった。その責任を取って小沢は、幹事長の職を辞したのである。小沢の「剛腕」が批判され始めたのはその頃からであった。小沢は無役になったわけではなかった。竹下派の会長であった金丸信から、小沢を会長代行にする案が提案され、常任幹事会で承認されたのだった。

小沢の後の幹事長には小渕恵三が就任した。竹下派の後継者をめぐって、すでに前哨戦が始まっていたのである。竹下登は側近である小渕を抜擢して、自分の影響力を残したかったのである。

小渕は小沢の力を必要としていた。「廃案になったPKO法案を国会で通すための総裁直属の諮問機関を引き受けて欲しい」と小沢に打診したのである。当初の名称は「国際貢献に関する特別調査会」であった。

「貢献」という言葉が小沢は気に入らなかったが、憲法の理念にもとづく安全保障のあり方を議論する必要性を痛感していたので、名称を「国際社会における日本の役割に関する特別調査会」に変更して引き受けた。国連軍への自衛隊参加の道筋を付けようとしたのだ。

通称「小沢調査会」と呼ばれており、船田元が事務局長であった。各派閥から一家言持つ国会議員が集められた。講師には立教大学教授の北岡伸一らが招かれた。一国平和主義から抜け出すために、まずは自民党内で議論を深めようとしたのである。

その一方で小沢は、海部内閣で政治改革を先に進めようとしていた。そのメインは小選挙区制の導入であった。同じ政党の候補者同士が競い合うのではなく、政策本位の政治を実現するためには、それしかないというキャンペーンをマスコミが大々的に繰り広げていた。その先頭に小沢は立っていたのである。

小沢にとっての政治改革とは選挙制度の改革であった。しかし、その目論見はあっけなく潰えようとした。平成三年九月三十日、衆議院政治改革特別委員会の委員長である小此木彦三郎が、理事会の場で政治改革三法案の廃案を宣言したのである。

この三法案では、衆議院を中選挙区制から小選挙区比例代表並立制にする。政治資金の調達は政党を中心にし、パーティ券の購入は収支を明らかにする。政党に対する公的助成を行うことで、政治活動にともなう財政基盤を強化するといったことが盛り込まれていた。

それが頓挫してしまったことで、海部は求心力を失ってしまった。それを突破するためには、解散総選挙で勝負に出るしかなかった。竹下派会長である金丸信は、海部の起死回生の決断を支持したが、小沢は首を縦には振らなかった。衆議院政治改革特別委員会の人選をめぐっても、反対派がメンバーになっているなど、小沢からすれば、海部がサボタージュしていると思っていたようで、この時点で小沢は海部を見限ったのである。

早稲田大学雄弁会の仲間ということもあって、海部は恒三にも電話をしてきた。解散反対の竹下派の大勢が決まったことで、海部と小沢との間を恒三が取りなすことも難しくなっていた。

国民的な人気があった海部にしても、小沢をはじめとする竹下派から見放されたことで、同年十月五日の次の総裁選挙に立候補しないことを明言したのだった。大方の政界ドキュメントでは、小沢のそうした行動を肯定的に見ているが、その後の展開を考えると、我がままの一言に尽きる。

第七章　宮澤内閣で待望の通産大臣

四極通商サミットが裏磐梯で開かれ、桜満開の鶴ヶ城を訪れたヒルズ代表（左）と恒三　令和2年8月25日福島民友新聞掲載

小沢が海部に引導を渡したわけだから、自分の属する竹下派から総裁候補が出すのが筋である。代表の金丸が出ないというなら、代表代行の小沢が立候補すべきである。その意味でも恒三が小沢の説得を試みたのは理にかなっている。

小沢はまだ年齢が四十九歳であることにこだわって固辞したようにいわれているが、本当にそうだったのだろうか。貿易や安全保障の面で譲歩を強いてくるアメリカの対日圧力を実感していたことあり、矢面には立ちたくなかったのではないか。

恒三の説得は涙ぐましいものがあった。いくら小沢が心臓の病気であったとしても、国のために命をかけるのが政治家である。自分が担いだ海部を見捨てておいて「我関せず」では話にならないからである。

その一方で小沢は、総裁候補者を選ぶにあたっては、自分が主導権を握ろうとした。総裁候補者の宮澤喜一、渡辺美智雄、三塚博らを自分の事務所のある十全ビル三階に招いて話を聞いたのだ。

「誰がふさわしいか三人の政策を聞いてみろ」と金丸が言ったとされているが、たとえそうであっても、呼びつけたかのような印象を持たれたのは事実である。三人の事務所になぜ出かけて行かなかったか疑問である。そして、恒三も同席することとなったのである。恒三にはそれがやり過ぎであることは分かっていたが、小沢から頼まれると拒否するわけにはいかなかったのだ。

小沢の本命は渡辺であったはずだ。ＰＫＯに対しても、宮澤より積極的であった。宮澤派の宏池会は伝統的に護憲のハト派である。選挙制度改革に関しては、宮澤と渡辺の二人とも煮え切らなかった。自民党内の反対派をどう納得させるかは、難問として立ちはだかっていた。

最終的に金丸や小沢が宮澤に決めた理由も藪の中である。世論調査の結果では、圧倒的に宮澤支持が多かった。国民世論の動向に敏感な小沢は、口では渡辺といいながらも、選挙で敗北した場合の責任を自分が取ることにためらいもあったのではないだろうか。

自分の意見を曲げることのない小沢が、金丸の「宮澤で行こう」との一言に従ったのは、選挙のことを考えて、自らを納得させたのではないだろうか。恒三は大局的見地から「今すぐ間に合うのは宮澤さんだ」と公言していたこともあり、宮澤嫌いで知られた金丸の判断を重く受け止めたのだった。

平成三年十月二十七日投票で行われた総裁選には、宮澤喜一、渡辺美智雄、三塚博の三人が立候補した。宮澤は国会議員で二〇七票、党員は東京、大阪など三十七都道府県を制して七八票を獲得して合計二八五票で、渡辺と三塚に大差をつけて圧勝した。渡辺は国会議員一〇二票、党員一八票の一二〇票、三塚は国会議員八二票、党員五票の八七票であった。渡辺が国会議員票で百二票を獲得したことは、予想を上回る善戦であった。三塚も安倍後継として加藤六月と争うという不安要因があったが、かろうじて派閥の票をまとめて面目を保った。

宮澤の勝利は、竹下派の全面的なバックアップによるものであった。海部がそうであったように、小沢一郎に使い捨てにされることを覚悟での総理総裁就任であった。ただ、この段階では、竹下派は一本にまとまっており、当初は安定政権になるとの見方が有力であった。

景気対策を最優先に

国会で宮澤が首班指名を受けたのは十一月五日であった。幹事長は竹下派の綿貫民輔、総務会長が中曽根派の佐藤孝行、政調会長は三塚派の森喜朗であった。その日のうちに組閣を終え、第一次宮澤内閣がスタートした。

閣僚の構成は、竹下派六、宮澤派二、三塚派四、渡辺派四、河本派三、加藤六月グループ一であった。そこで恒三は待望の通産大臣を拝命することになったのである。

恒三の通産大臣としての功績については、河井茂樹の『渡部恒三の大臣実記　激動期の通産行政403日の疾走』において、詳しく述べられている。

官僚と違って、恒三は景気の動向に関心を抱いていた。河井は「第一次宮澤内閣の閣僚中、景気にこれほど敏感に反応した閣僚は、いなかった」と断言している。

河井は「渡部恒三が通産大臣に就任したころは、政府や国民の多くもバブル（泡）経済の余韻に酔いしれ〝複合不況〟といわれる時代の到来など予想もしていなかった」と回想している。「複合不況」というのは、従来の景気循環による不況ではなく、バブル崩壊などによる複合的な不況を意味する言葉である。

平成三年十月には景気は後退局面に入り、バブル崩壊によるしわ寄せが出てきていた。百貨店の売り上げや鉱工業生産、さらには車の販売台数や住宅建設も頭打ちになってきた。恒三は深刻な事態であることを認識していたのだ。

すぐにアクセルを踏まなければ、景気はなおさら冷え込む。大幅な金融緩和と財政出動を求めて、恒三は日本銀行や大蔵省の官僚と激突することになった。日銀総裁の三重野康は「景気は自然に減速しており、むしろ望ましい姿だ」との見通しを語っていたのだ。

そうした楽観論に恒三は異を唱え、金融緩和のための公定歩合の引き下げを言い続けた。恒三が予想した通りで、経済企画庁は平成四年二月二十五日、月例経済報告会で「景気が後退局面に入った」との判断を示したのである。

恒三が注目したのは、内需が急速に減速していることであった。その一方で経常収支や貿易収支の黒字は大幅に拡大していた。外需中心の経済では、日本だけが一人勝ちすることになる。国際社会から孤立することになるのを恐れたのである。

国際社会が望んでいるのは、日本が内需拡大によって成長することであった。それに応えることが急務であった。経済指標の目安となる鉱工業生産は弱含み、在庫調整には相当の期間が見込まれ、企業マインドも冷え込んでいた。公定歩合の再引き下げ期待から金利の先安感を払拭するためにも、公定歩合を早期にもう一段と引き下げ、企業の設備投資を促すことを恒三は提言したのである。

政府・与党関係閣僚会議は三月五日に開かれたが、恒三はそこで「平成四年度予算の早期成立」「予算成立後、地方単独事業を含めた公共事業の前倒しを進める」「電力など公益事業の設備投資の前倒しや上乗せ」「中小企業の資金調達などの中小企業対策」「機動的な金融政策の運営と政府系金融機関の活用」の五つを挙げて、景気テコ入れの早期の実施を訴えたのである。

恒三の提案した内容はほぼ採用され、通産省の見解や見通しを経済閣僚が共有することになった。それを受けて、総理官邸で緊急経済対策閣僚会議が開催されたのが三月三十一日であった。

政府・与党関係閣僚会議での確認事項に沿ったもので、「公共事業などの施行促進」「民間設備投資の促進」「省力化投資の促進」「個人消費、住宅建設の促進」「中小企業対策」「資金調達環境の整備」「金融政策の機動的な運営」の七項目となった。

恒三は通産大臣として「日本経済は相当減速しており、景況感は極めて悪い。鉱工業の生活が停滞している中で、在庫は高水準にあり、貿易収支の黒字も大幅に拡大している。この対策を踏まえ、内需主導で三・五パーセント成長という今年度の政治経済見通しを是非とも実現するという姿勢を内外に示す必要がある」と力説したのである。

恒三の奮闘もあって、政府としてはより景気対策に万全を期すことになったが、そこで足を引っ張ったのは日本銀行であった。四月一日には公定歩合が〇・七五パーセント引き下げられ三・七五パーセントになったものの、小刻みにしか下げなかったことで、日経平均株価が四月九日には一万七千円を割ることとなった。

このため政府は、当初九月に予定していた総合経済対策を八月二十八日に策定することにしたが、恒三は「土地の流動化と公用地の確保が大切だ」との持論を展開した。土地が動かないから金が動かないわけだから、そこに手を付けるべきだと訴えたのである。

民間の金融機関はバブルで痛い目にあっているから二の足を踏んでしまう。恒三は自治大臣の経験から、公用地の先行取得構想をぶちあげたのである。「四十七都道府県と三千二百の市町村に公用地の先行取得を促し土地を動かせば、景気回復に弾みがつく」と考えたからである。

恒三のその提案に対しては「財政投融資などの公的資金で、地上げ屋が食い荒らした後始末をするのは本末転倒」との批判も出た。本来であればもっと下がっても不思議ではない地価を、国が下支えするような印象を持たれたからである。それでも新たな土地政策が実現することになったのは、それなりの理由があった。

河井は「土地が動かなければ、融資という形でそこに張り付いている資金も動かない。銀行が倒産することは、バブルの演出者が倒れるわけで、一時的には国民も溜飲を下げることになろうが、中長期的には日本経済、国民経済により大きな被害を与えることになる。このことは国民も理解しており、公用地の先行取得反対の声は、次第に消えていった」と書いている。

政府は八月二十八日には十兆七千億円の総合経済対策を発表したが、そこでは公共用地の先行取得に一兆五千五百億円が盛り込まれた。恒三の大胆な政策が国を動かしたのである。官僚の言うことを理解することにかけては人後に落ちなかった橋本龍太郎が、結果的に緊縮政策で経済を疲弊させたことと比べると、恒三の方がはるかにまともであった。官僚に物申すことができる恒三のような政治家がいなかったために、それ以降日本はデフレに苦しまねばならなかったのである。恒三は金融政策を重視したばかりか、積極的な財政出動の急先鋒であった。

自由貿易守るために対米交渉に全力

通産大臣として恒三は、世界の桧舞台に立つことになった。大臣在任期間中に恒三は、三百五十五人もの元首や各国の要人と会った。恒三自身が「世界の中の日本」ということを、再確認することになったのである。

ベーカー米国務長官は、恒三が就任早々に会談をした大物であった。日米構造協議を通じて日本が貿易黒字の減少に努力することになっており、ベーカー長官からはその点を改めて念押しされた。二国間の個別問題としては、コンピューターの政府調達、日米半導体協定の順守、紙、ガラスや木材の輸入拡大についての要望もあった。

とくにアメリカがこだわっていたのがウルグアイ・ラウンドの成功であった。貿易の自由化を推進するための多国間通商交渉で、自由貿易体制を維持するために、日本がリーダーシップを発揮することを求めてきたのである。

恒三の交渉力が試されることになったのは、カーラ・ヒルズ米通商代表部代表との会談である。最初に顔を合わせたのは、通産省の大臣室においてで、平成三年十一月十六日のことであった。二人の溝は簡単には埋まらなかったが、恒三が先手を打って提案するなど、一歩も引けを取らなかった。

恒三は「自動車と自動車部品の輸入拡大問題は市場分野別協議で話し合っていきたい」と提案した。これに対してヒルズ代表は「日米間には、紙、ガラス、コンピューターの政府関連調達や外国人弁護士問題がある。両国政府間で話し合い、問題を解決していけば対日強硬派の多い議会を説得できる」と迫ってきた。

恒三は、突き放して拒否するのではなく、「所管外の弁護士問題以外を除き、しかるべき対応をとる」と明言するとともに、ヒルズに向かって「ところで、民主主義で重要なこと、話し合う、ということだ。一方的に制裁措置を発動できる米商法三〇一条のような措置は認められない」と釘を刺すのも忘れなかった。

ウルグアイ・ラウンドの主要なテーマのコメのことも議論されたが、恒三は、農家への適切な補償がなければ、日本の農業は壊滅してしまうとの危機感を抱いていた。恒三は「ギリギリのところで意見を一致させるのが政治家の知恵だ」と踏ん張ったのである。金丸信、竹下登、小沢一郎らがコメのことで柔軟な姿勢になっていたことを知っていたが、簡単に妥協するわけにはいかなかったのである。

いくつもの課題に直面しながら、平成四年一月七日と決まっていたブッシュ大統領の訪日に備えて、恒三をはじめとして通産省は、年末年始返上で、対米折衝の原案作りに全力を傾注した。

平成三年十二月八日は、日本の連合艦隊による真珠湾攻撃から五十周年にあたっていた。

ソ連の崩壊後だったこともあり、日本を敵視する声がアメリカの一部にあった。過去の出来事を引っ張り出して日本叩きをするアメリカ人もいたのである。日本と米国との対立をエスカレートさせないためにも、通産大臣としての恒三の責任は重大であった。

アメリカ側に約束していたこともあって、恒三が一番苦労したのは、日本の自動車業界の説得であった。米国製完成車と部品の輸入拡大に関して、業界が自主的に目標を設定し、それに向けて努力してもらう必要があった。国が口を出す管理貿易にならないようにするには、それしか手はなかったのである。

恒三は一政治家として、逃げることは卑怯だと思って、平成四年一月六日の日本自動車工業会の賀詞交換会に出席し、「業界の皆さんには申し訳がないが、日米関係は、世界平和、日本の今後の発展のためにも需要だ。米国の大統領が来る。大統領に気持ち良く帰ってもらうため最大の努力と協力をしてほしい」と演説した。そこまでしなければならないほどに、日米関係は難しい局面を迎えていたのだ。

日本国内においても、「管理貿易の色彩が強まったのではないか」との批判があった。また、EUからは「米国偏重ではないか」との声が出ていた。恒三は苦しい言い訳をすることになったが、外交交渉は相手があることであり、日本の言い分が全て通るわけではないのである。

日米間で四百億ドル以上の貿易不均衡があったわけで、それを解決しなければ、米国に保護主義が台頭しかねない。恒三は現実的な対応を迫られたのだ。対米折衝に尽力したのが外務省北米局北米二課であった。そこの課長補佐が今の雅子皇后であった。

ブッシュ大統領は平成四年一月七日、大統領専用機で大阪空港に下り立った。奈良県橿原市に店舗を開設した、おもちゃの小売業の「トイザらス」のオープンセレモニーに出席するためで、恒三もテープカットに一緒に臨み、日米構造協議の成果としてアピールしたのだった。

恒三と通産省は、ブッシュの来日に合わせて「三本の羊羹(ようかん)」を準備した。まず一つ目は、貿易保険の特別枠の設定である。日米両国企業の共同プロジェクトを前提にしてはいるが、今後数年間で五十億ドルの貿易保険を引き受けることにした。米国企業は、海外でのプロジェクト案件に対しファイナンス（資金調達）面での競争力が強化され、総額百億ドル以上のプロジェクトの受注が期待できるようになった。

二つ目は自動車以外の日本の主要産業二十三社が、今後四年間で輸入額を百億ドル増やすというもので、電子・電気などの企業で二、三年の間に輸入額を一・五倍から二倍に引き上げ、それ以外に百社以上の企業が輸入拡大や外国企業との連携を深めるというのが柱であった。

三つ目は自動車での輸入拡大である。自動車部品の購入については、通産省も自動車メーカーも、あくまで「努力目標」にすることに固執した。それが達成できなかった場合には、米国からの制裁措置を招きかねないからだ。自動車部品の購入に関しては、米国側と協議した結果、平成六年度までに、自動車業界が自主的に百億を増加させ、百九十億ドルにすることで決着が付いた。完成車の売れ行きは消費者が決めることから、輸入台数を明記することは避けたのだった。

恒三は一月八日、日本側の協力案を示すために、赤坂の迎賓館で、モスバッカー商務長官との会談に臨んだ。そこでとんでもないハプニングが起きた。モスバッカー商務長官はその書類を机の上に放り出し、「こんな誠意のない回答はお返しする」ととんでもないセリフを吐いたのである。そこまでされて怒らなければ会津っぽ政治家ではない。恒三は激怒してまくし立てた。

「自由主義経済の尊さを日本に教えてくれたのは米国だ。これからの世界が発展することは自由主義経済の鉄則を守るということではないのか。その自由主義経済の枠の中で、我々はギリギリ、最大限の譲歩案を作ってきた。それなのにあなたの態度はなんだ。米国は日本に管理貿易をやれというのか。自由主義を捨てろというのか」（『渡部恒三の大臣実記　激動期の通産行政403日の疾走』）

モスバッカー商務長官にとっては、一種の駆け引きであったかも知れないが、そんな脅しは恒三には通用しなかった。そこで怯（ひる）んでしまったらば、アメリカに付け込まれたはずである。

有力閣僚の一人となった恒三は、一月のスケジュールはびっしりであったが、それを縫って会談の翌日一月九日には、中東のサウジアラビア、クェート、アラブ首長国連邦の三カ国歴訪に出発した。

通産大臣の中東訪問は、すでに故人となっていた安倍晋太郎以来で、実に六年ぶりのことであった。原油のほとんどを中東に依存していた我が国としては、あまりにもお粗末であった。

困ったときにだけ出掛けるのではなく、問題がなくても付き合いを大事にするというのが恒三流なのである。「ものを頼むときは直ぐ来るが、何もないときは全然来ない。そういう人は好きではない」というのが持論であり、身をもって実践したのである。

中東最後の訪問国であったアラブ首長国連邦では、ザイード大統領と歓談し、「天皇陛下に一度来ていただきたいと思う」との要請を受けた。皇室のことなので、安易なことは言えないので、その場では口を濁したが、平成六年には皇太子殿下ご夫妻、今の今上陛下ご夫妻が中東諸国を御歴訪され、恒三はその約束を守ったのだった。

地元裏磐梯で四極通商会議

恒三が裏磐梯で四極通商会議を開催したことは、会津を世界にPRすることになった。日程は四月二十五日から二日間で、会場は耶麻郡北塩原村の裏磐梯ロイヤルホテルであった。東北地方で初めての国際会議ということもあって、福島県は歓迎ムード一色に包まれた。米国のカーラ・ヒルズ通商代表部代表、EC委員会のフランス・アンドリーセン副委員長、カナダのマイケル・ウィルソン国際貿易相が参加した。主要なテーマは新多角的貿易交渉の成功に向けた意見の調整であった。

開催前日には、恒三と佐藤栄佐久福島県知事主催の歓迎レセプションが開催され、議長でもある恒三は、四極通商会議が二十一回目を迎えたことに言及し、「ガット・ウルグアイ・ラウンドの早期終結に向けて、大臣レベルで忌憚のない意見交換をしたい」との所信を表明した。また、佐藤知事は「本県の美しい自然、伝統文化や伝統芸能を十分鑑賞してください」と歓迎の言葉を述べた。

第一回の全体会議は二十五日午前から始まったが、最初から米国とECが激しくやり合うことになった。とくに農業分野をめぐっては、お互いに一歩も引かず、白熱した議論となった。

これで助かったのは日本で、コメの市場開放で矛先が向いてくることはなかった。恒三は「ウルグアイ・ラウンドの交渉期限を定めてはどうか」と提案したが、異論が出たために翌日に持ち越された。

一行はこの日、会津若松市の鶴ヶ城を訪れたが、ホテルからバスに乗るときには、北塩原村の子供たちが米国旗や参加国の旗を持って見送ってくれた。この年はたまたま開花が平年よりも遅れたので、満開の桜を愛でながら天守閣などを見学した。民謡会津磐梯山の太鼓で出迎えを受けるなど、一行は会津の良さを満喫した。

二十六日の第二回全体会議では、恒三はポスト・ウルグアイランドの方向性を打ち出した。貿易だけではなく、環境という視点からの政策も重要になっていることを強調し、「貿易政策において環境への配慮を盛り込んでいく」との方針で一致をみた。

第二回全体会議を終えてから、恒三らは記者会見に臨んだ。議長であった恒三は議長総括を読み上げた。「我々、四極の貿易大臣は、ウルグアイ・ラウンドを始めとする世界貿易を巡る重要課題について意見交換し、中国、台湾のガット加盟について双方の手続きを進めることで理解が得られた」と述べるとともに、農業分野での交渉の重要性が確認された。また、サービス貿易交渉では、ジュネーブでのハイレベル交渉に早く着手することで合意した。

最後までもめた決着の時期については、記者の質問に答える形で明らかにされた。恒三は「はっきりした期限を明示すべきだ、との意見もあったが、昨年の四極で十一月に決めるべきだ、といって決められなかった。下手に期限を決めると交渉が停滞するおそれがあるので、速やかな大筋合意を目指し、交渉に務める」と語った。

ヒルズ代表は「米国としては歓迎できる議論だった」、アンドリーセン副委員長は「良い会議だった」、ウイルソン国際貿易相は「率直な意見交換ができて良い会議だった」との見解を述べた。

国の命運を賭けた交渉をみちのく会津で行われたことは画期的なことであった。恒三は、会津坂下町出身で、世界的な版画家である齋藤清の代表作「会津の冬」をヒルズ代表にプレゼントした。日本の原風景を知ってもらいたかったのである。

ヒルズ代表は国益を重視する凄腕の交渉相手であって、恒三は気を抜くことができなかったが、後日、彼女から「四極通商会議はすばらしかった。あなたのふるさとの人たちの親切は忘れない。あなたにいただいた、齋藤清さんの版画は、わたしの応接間のメインに飾ってある」との手紙をもらったのだった。

日本の特殊性をアメリカは攻撃してきたわけで、グローバルスタンダードが絶対でないことを、恒三は知ってもらいたかったのだ。斎藤清の版画は、日本の独特の美の世界が表現されていたからである。

国際協力のPKO法案成立

本格政権との前評判が高かった宮澤内閣であったが、国連平和維持活動協力法案（PKO法案）が平成三年中には成立せず、参議院で継続審議となった。宮澤派の事務局長であった阿部文男元北海道開発庁長官が逮捕されるという不祥事も発覚した。鉄骨メーカーの共和から多額の献金をもらっていたのだった。

お公家さん集団と呼ばれる宏池会の宮澤派では舵取りが困難になったために、一月八日には自民党副総裁に金丸が就任し、竹下派主導で局面の打開を図った。国対委員長には梶山静六を据えた。竹下派の力があったからこそ、宮澤内閣は六月十五日にPKO法案を成立させることができたのだ。

自民党案がそのまま通ったわけではなかった。ＰＫＯ派遣については、国会で事前に決定することや、国民のコンセンサスができるまでは、停戦監視などのＰＫＦは凍結するといった、民社党や公明党の修正を受け入れたのだった。

社会党や共産党は採決を阻止すべく、牛歩戦術で徹底的に抵抗した。戦後一貫して非武装中立をメインのスローガンに掲げてきた社会党は、憲法九条の観点からも、「自衛隊は違憲」との立場を崩してはいなかったために、断じて認めるわけにはいかなかったのである。

安全保障についてハト派である恒三は、世界の要請に応えて自衛隊が海外に出て行くことには賛成であったが、あくまでも留保付きであった。「日本が平和への貢献をいかにして果たすべきか。この選択の中で考え出したのがＰＫＯだ。憲法九条には、我国は、いかなることがあっても武力をもって、他国を威嚇し犯すことはない、と明記してある。ＰＫＯを進めるうえで、九条の精神を永遠に守り抜いていく」ことが前提であった。

恒三は「火が燃えさかっている内は、手伝うわけにはいかないが、火が消えた後の後片付けは手伝います」というのが望ましいとして、諸外国との違いを強調した。しかも、当事国に求められた場合についてであり、火が燃え始めたならば、日本はすぐに撤退するのである。

あまりにも身勝手な考え方と思われるかも知れないが、恒三ばかりではなく、それが当時の日本国民の共通した意識であった。宮澤にしても、もともと護憲である。実力行使のPKFまで認めるわけにはいかなかったのである。

佐川急便事件が発覚

平成四年七月二十六日投開票の第二十四回参議院通常選挙は、PKO法案の審判の機会となった。自民党は改選過半数の六四議席を超え、選挙区で四九議席、比例で一九議席、追加公認を含めて六九議席を当選させた。改選数の七五議席には届かなかったとはいえ、三年前と比べて復調したのだった。

この選挙で話題をさらったのが、日本新党であった。参議院の比例区で四議席獲得し、当選者には細川護熙、小池百合子がいた。三六一万票を得て、新党ブームの先鞭を付けたのだった。

一難去ったらまた一難であった。自民党の金にまつわるスキャンダルが明るみになったのである。八月二十二日の朝日新聞の朝刊一面に「東京佐川急便の渡辺元社長『金丸氏側に五億円』」との見出しの記事が掲載されたのである。

元社長の渡辺弘康は金丸から十億円の資金提供を求められ、金丸の秘書の生原正久に五億円渡したと、東京地検特捜部の取り調べで自供したというのだ。これによって金丸は絶体絶命のピンチに立たされた。日本の政界を支配していた、金丸・竹下・小沢の「金竹小」のボスが窮地に追い込まれたのである。

竹下派に衝撃が走った。会長代行の小沢一郎にも批判の矛先が向いてきた。不思議でならないのは、小沢は金丸が裁判で争うことを進言していたことだ。政治資金規正法違反にはあたらないと考えていたのである。

しかし、金丸は竹下の説得に応じて、検察当局に金銭授受と政治資金規正法違反を認め、上申書を提出した。検察は平成四年九月二十八日、金丸を政治資金規正法の量的制限違反の罪で、東京簡易裁判所に略式起訴した。罰金二十万で決着をみたのである。それで終わると高を括っていたらば、国民世論が猛反発し、金丸は十月十四日に国会議員を辞任せざるを得なかった。

恒三は金丸を党人派政治家として尊敬していた。誰よりもショックは大きく「初めて国会議員に立候補したときに、副幹事長であった金丸先生に応援に来ていただいてから、二十三年間可愛がっていただいたのに、言葉にならない」と肩を落としたのだった。

東京佐川急便事件の渡辺被告の公判で、竹下元首相を街宣車で「ほめ殺し」にした右翼を静かにさせるために、金丸が暴力団を利用したことも判明し、もはや立つ瀬がなくなってしまったのである。

裏社会との工作の場に小沢がいたことも問題視された。自民党、とくに竹下派への世間の風当たりが強くなったのはいうまでもない。東京佐川急便事件をめぐっては、小沢一郎自身も、平成五年二月十七日に国会の証人喚問に引っ張り出されている。

第八章　竹下派分裂と非自民連立政権

自民党を離れ、新生党で立候補した恒三　福島民友新聞社発行『夢ひとすじ福島びと 人生春夏秋冬私の道③』より転載

竹下派のなかで小沢が権力を奮っていられたのは、後ろ盾の金丸がいたからである。金丸のおかげで代表代行になれたのであって、金丸がいなくなったことで、力関係はガラリと変わった。橋本龍太郎、梶山静六、小渕恵三を無視できなくなったのである。

小沢は主導権を手放したくはなかったから、中立とみられていた羽田孜を担いだのである。自分が負け犬になりたくなかったからだろう。竹下七奉行で小沢に近かったのは恒三と奥田敬和だけで、橋本、梶山、小渕は反小沢、羽田はどちらにも属さなかった。小沢は羽田に目を付けたのは、陰で操れると思ったからだろう。

しかし、そうは問屋が卸さなかった。十月二十一日の竹下派幹部会で原田憲が「金丸会長が議席を失い、二十三日には天皇陛下の訪中ということもある」と前置きしながら、自分の意見として「会長は小渕恵三君が適任と考える」と述べたのである。

竹下派のトップの座を反小沢の小渕が占めたことで、もはや小沢のいる場所はなくなってしまった。羽田を代表にして十二月十八日、新政策集団「改革フォーラム21」を旗揚げしたのは、小沢が権力闘争に敗れたからなのである。

読売新聞の橋本五郎も「1993年、田中派を引き継いだ竹下派と袂を分かち、政治改革を旗印に小沢一郎や羽田孜らが自民党を離党したことがあった。なぜ自民党を出ていったのかと言えば、本当のところは、竹下派の跡目争いで小渕恵三に敗れたからだ。竹下登を後見人とする小渕との争いに敗れたから、政治改革の旗を持って出ていった、というのが本当のところだ」（『政権を支えた仕事師たちの才覚　官房長官と幹事長』）と書いている。

これに対して、小沢には政治改革への執念があって、それで竹下派を分裂させたという見方もある。北岡伸一がその代表格である。小沢の『日本改造計画』が出版されたのは平成五年五月のことであったが、それ以前から「大胆な政治改革」の旗を掲げていたことを重視する。『日本改造計画』には北岡も関係していたといわれるが、グローバリズムの竹中平蔵まで関与していた代物で、小沢自身がどこまで理解していたかとなると疑問が残る。

自民党を割った離党劇について、恒三が本心を語ったのは、政界を引退してからで、福島民友新聞に連載したのを本にした『夢ひとすじ福島びと』においてであった。

「ただね、一緒に出た小沢君の場合、志は一緒であったけれど、私とは動機が違っていたと思うよ。小沢君は四十代で自民党の幹事長をやり、海部君の後任選びのときには、首を縦に振れば、総理にもなれたんだ。経世会の後継者になるつもりだったのに、小渕君に負けたから、党を割ることにしたと思うなあ。もし経世会の会長になっていたら、出なかったんだろうな」と語ったのである。

言い方が微妙ではあるが、行動は同じであっても、動機が異なるというのは、小沢は崖っぷちに立たされていたが、恒三はそうではなかったからだ。通産大臣であった恒三は宮澤と喧嘩する必要などなかったのである。

勢力的には小渕派は衆議院二十九人、参議院三十四人であり、「改革フォーラム21」は衆議院三十五人、参議院九人であった。竹下は中立を装っていたが、実際は小渕のバックにいた。参議院の数で小渕派が「改革フォーラム21」を圧倒したのは、竹下が動いたからなのである。

自分が生き残るための大義として、たまたま政治改革があったので、それに小沢が飛びつくしかなかったというのが橋本五郎である。政策がまずあったというのが北岡の見方なのである。

小沢が自分たちを改革派と評し、守旧派と区別したことは、マスコミ的には理解しやすかった。万年与党の自民党にお灸を据えるという意味からも、小沢が台風の目になって、日本中に暴風雨をもたらしたのだった。

小沢のために、恒三が行動を共にすることになったのは、吉村正から学んだ「二大政党論」の大義名分と、小沢を弟のように思っていたからではないか。恒三の小沢評は「言い訳もしないが説明もしない男」である。誰かが間に入らなければ、うまくいく話も途中でご破算になってしまうから、恒三は見捨てておけなかったのだろう。恒三にとって不運であったのは、通産大臣としての外交日程が立て込んでいて、その分裂劇を阻止することができなかったことであった。

宮澤内閣の中枢は小渕派

竹下派分裂は政界にも影響することとなった。宮澤首相は幹事長に小渕派の梶山静六を、政調会長には三塚博を起用し、平成四年十二月十二日に宮澤改造内閣をスタートさせた。閣僚の構成は宮澤派三、三塚派と渡辺派が四、小渕派が三、羽田・小沢派、河本派が二、加藤グループが一であった。注目すべきは小渕派が羽田・小沢派を大臣の数で上回ったことだ。

さらに、河野洋平が官房長官になったことは、小沢にとってショックだったはずだ。梶山、三塚、河野が組んだことで、小沢は出る幕はなくなりつつあった。平成五年に入ると、なおさらそれがはっきりしてきたのである。

東京地検特捜部は平成五年三月六日、金丸前自民党副総裁を脱税容疑で逮捕した。検察が権威を回復することができたのは、国税の調査によって、日債銀の割引金融券が家宅捜査で見つかったからである。

その資金源について、共同通信社社会部の『東京地検特捜部』では「金丸は竹下政権が成立した八七年以降、毎年ゼネコン各社や地元山梨の建設業界から十億円以上のヤミ献金を受け取り、無記名債権に換えていた」と書いている。

政治資金としてではなく、金丸は個人の資産として持っていた。所得税違反の脱税であり、亡妻の遺産である金の延べ板を隠し持っていたことまでもが明るみになった。金丸逮捕のニュースは、金丸個人の問題にとどまらなかった。自民党中枢と建設業界との癒着にメスが入ることになり、それが政局を左右することになったのである。

それを突破口として検察は三月二十日、間組、鹿島、飛島建設など十八社の家宅捜査に着手し、次々と各社幹部の事情聴取を行った。押収された証拠は、段ボール箱で約九百個に達した。まさしく検察にとっては宝の山であった。

その当時は金丸と竹下と小沢が一蓮托生と思われていた。そのうちの竹下はリクルート事件で首相の座を追われ、金丸は政治資金規正法よりも厳しい、所得税法違反の容疑で逮捕されたのである。

金丸逮捕で小沢一郎は、四面楚歌の状態になりつつあった。竹下派で反小沢の声が高まってきたのは、検察の捜査とは無縁ではないのである。その小沢が自民党を離れることになったのは、汚れたイメージを一新しなければ、政界では生き残っていけなかったからだろう。

政治改革を旗印にして小沢が反転攻勢に出たのは、それしか活路を見い出せなかったからではあるが、「この指止まれ」と小沢が訴えたことで、自民党の一党支配に終止符が打たれることになったわけだから、あまりにも皮肉である。

恒三は小沢の良き協力者として、二大政党制を実現しようとした。恒三の方が小沢よりも純粋であった。恒三には政治家として強い信念があった。政権交代可能な政治が実現しなければ、日本の民主主義は機能しなくなる。その前に何とかしなければという思いである。

恒三は小沢と行動を共にすることになったが、真面目に考えていたのは恒三であり、小沢は政局のことしか念頭になかったのである。

強引だった梶山静六

恒三が最終的な決断を迫られることになったのは、野党が六月十七日に宮澤内閣不信任案をぶっつけてきたからである。乱世の政治家と目されている梶山が自民党幹事長である。すぐに採決ということになれば、可決する可能性があった。そうなれば政治が混乱するのは必至であった。

前日にその可能性を恒三に伝えてきたのは、同じ羽田・小沢グループの二階俊博であった。恒三に迷いがないといったら嘘になるだろう。ここで勝負に出て解散に追い込んだ場合には、恒三も自民党にとどまるのは難しくなる。自分一人のことではない。応援してくれる地方議員も、そっくり自民党を抜けることになる。その責任を恒三自身が背負うことになるからだ。

恒三は当日、奥田敬和や二階らと戸田紀尾井ビル三階の派閥事務所に集まって対応を協議した。賛成か反対か、それとも欠席かということで意見がまとまらなかったが、恒三は「全員一致した行動で臨もうではないか」と呼びかけた。

代表の羽田の後ろには、いうまでもなく小沢一郎がいた。小沢にとっては、自らの政治生命を失わないための大博打であった。昼頃から宮澤と羽田との会談が持たれはしたが、すでに小沢や羽田の腹は固まっていた。

宮澤喜一の命取りになったのは、五月三十一日に収録されたテレビ朝日の「総理と語る」で、政治評論家田原総一朗の質問に「今国会で政治改革を実現しますから」と語った一言であった。

その約束の履行を迫ることで、金丸同様に追い詰められていた小沢が息を吹き返したのである。「政界は一寸先が闇」とはよく言ったものである。それまで小沢を非難していたマスコミまでもが手のひらを返して応援団と化したのだから、小沢に楯突くことなど考えられない空気であった。

羽田・小沢グループが中心になった「政治改革推進議員連盟」が六月十五日に結成され、衆参合わせて百七十人が出席した。自民党内での小沢の反転攻勢はそこまでであった。両院議員総会で改革推進派が多数を占めれば流れが変わったが、宮澤がそれをやろうとしても、幹事長の梶山が待ったをかけたのである。

乱世に強い梶山は、自民党から小沢が出て行くことを歓迎していたのではないか。窮鼠猫を噛むことになり、自民党が下野することになっても、あくまでも一時的な現象だと見ていたのではないだろうか。そうでなければ、不信任案の採決をスンナリ認めるわけはないからだ。

採決に先立って羽田は、不信任案に賛成することを明言した。恒三は宮澤内閣で通産大臣の要職に就いていたこともあり、戸惑いがあったことは確かである。小沢のように猪突猛進するのではなく、まずは自民党内で多数派を形成し、政治改革が実現しなければ、秋の総裁選で政治改革論者を担げばいい。そこで負けたら離党すればいいという戦略であった。

政局が急展開したために、思惑が狂ってしまったのである。それでも恒三は一縷の希望を宮澤に託そうとした。宮澤が冒頭解散をすることを願った。内閣不信任案に賛成か反対かの意思表示を避けることができるからだ。だが、恒三の少数意見は、大きな流れの前には通用しなかった。

宮澤内閣の不信任決議案は、社会党、公明党、民社党の共同提案で、通常国会の閉幕直前に出された。衆議院本会議が開会したのが午後六時半。自民党が多数を占めているわけだから、いつもであれば否決されるのに、造反者が出たことで、賛成二五五、反対二二〇で可決されたのだった。午後八時半からの臨時閣議の決定を経て、午後十時から衆議院本会議が再開され、解散詔書が朗読され、衆議院が解散されたのである。

そのときの様子は、テレビでも中継された。自民党議員から造反者が出るたびに、野党席から歓声が上がった。マスコミの報道も「自民党の一党支配」が終わるというのでお祭り騒ぎであった。宮澤が約束を果たさなかったというので、マスコミは「嘘つき解散」と評したのである。

羽田小沢グループとは別に、不信任案が可決されたのを受けて、武村正義、鳩山由紀夫、田中秀征ら十人が幹事長の梶山に離党届を出し、二十一日には新党さきがけを結成した。政治改革を目指す勢力は、一つではなかったのである。

一足遅れたとはいえ、羽田・小沢グループも、六月二十五日には新生党を立ち上げた。これによって自民党以外に保守政党が、日本新党を含めて三つも誕生することになったのである。

いくら造反したといっても、羽田・小沢グループは、木村守男一人を除いて三十四人が賛成票を投じた。これに対して、新党さきがけは簗瀬進一人が賛成票、岩屋毅が欠席した以外は、いずれも反対票を投じた。つまり否決の側に回ったのである。

さらに、新党さきがけには、竹下派とは対立関係にあった三塚派の議員が四人いた。武村、佐藤謙一郎、園田博之、渡海紀三朗である。それが後になって政局に大きく影響することになるが、保守新党の乱立は政治改革騒動の幕開けを告げる出来事であった。

衆議院で過半数を割った自民党は、政権維持を目指して、背水の陣で選挙に臨んだが、平成五年七月十八日投開票の第四十回衆議院総選挙で、自民党は第一党の座を維持したものの、二二三議席にとどまった。社会党もまた大幅に議席を減らし、選挙前議席の一三六議席から七〇議席に激減した。

議席を大幅に増やしたのは五五議席を獲得した新生党で、これに公明党の五一議席、日本新党の三五議席、民社党の一五議席、共産党の一五議席、新党さきがけの一三議席、社会民主連合の四議席と続いた。日本新党は、参議院以外では議席がなかったにもかかわらず、議席数では民社党や共産党を上回ったのである。

国民は自民党にそっぽを向いたとはいえ、政権交代を実現するような盛り上がりがあったわけではない。投票率が前回を六・〇五パーセント下回って、六七・二六パーセントであったからだ。寄せ集めであろうとも、反自民非共産の細川内閣が誕生したのは、剛腕小沢の力があったからであり、恒三もその点は認めている。

圧倒的な支持受けた細川内閣

開票が終わった翌日、小沢が恒三を呼びだした。待ち合わせた全日空ホテルの部屋に行くと、開口一番「今回は細川で行くしかないな」と切り出された。これには恒三も驚いて、すぐに「羽田君が可哀想ではないのか」と異論を唱えた。竹下七奉行の一人で、あくまでも中間派であった羽田を代表にしたのは、一国の総理にするためではなかったか。裏切りのように思えて、すぐには賛同できなかったのである。

ここでまた恒三と小沢との違いが際立ってくるのである。恒三は人を利用することのできない人間であるのに対して、小沢は非情に徹することができる人間なのである。それでも恒三は、小沢の言い分に耳を傾けた。新生党としては、社会党、公明党、民社党と非自民政権をつくることで合意はしていたが、新党さけがけや日本新党のスタンスは定まっていなかった。

自分たちの味方に引き込むには、細川護煕を総理にするしかない。そんなアイディアを小沢が絞り出したことに恒三は感服したのだった。自民党を離れたとしても、政権を担えるチャンスが到来したわけだから、小沢の言い分も筋が通っていた。

用意周到な小沢は、隣の部屋にすでに細川を待機させており、そこで恒三は細川と握手をしたのである。恒三が気になったのは、細川が近衛文麿の孫であるという点だ。小沢は目先の権力闘争を重視するが、政治は人間がやるのであり、その人間性を抜きには語ることはできないからだ。

祖父の近衛は担がれやすい政治家であった。第一次近衛内閣は昭和十二年六月四日から昭和十四年一月五日まで、第二次近衛内閣は昭和十五年七月二十二日から昭和十六年七月十八日まで、第三次近衛内閣は昭和十六年七月十八日から昭和十六年の十月十八日までであった。

恒三は、小沢に向かって「彼は近衛文麿さんの孫だって？　近衛さんと言えば、戦前、内閣を作って半年で辞めてるだろう、その後も陸軍に担がれても嫌になるとパッとまた辞めちゃう人だろう。その辺は大丈夫なのか」と。

戦前の政治にも詳しい恒三らしい忠告である。近衛については、伊藤隆の「時流と政治」（『東京大学公開講座「流れ」』収録）の近衛文麿論が参考になる。伊藤によれば近衛は革新右翼のホープとして世に出た。周辺にはコミンテルンの息のかかった者もいて、日米戦争につながるような政策は、近衛の手によって行われた。

革新右翼というのは、陸軍の統制派、革新官僚、左翼からの転向組で構成されていた。ところが対米戦争が避けられなくなると、近衛は親米派に寝返ったのである。これには革新右翼が猛反発し、近衛は命を狙われたのである。

責任を取ることがない変節漢とみられていたのである。極めつけは、敗戦を前にして、今度は共産主義革命の危機を訴えたことである。自分の取り巻きの昭和研究会には、元マルクス主義者が数多くいたのに、急に彼らを敵視したのである。そんな祖父の血を引く細川を、恒三は危なっかしく思えてならなかったのである。

細川内閣がスタートしたのは、平成五年八月九日のことであった。外務大臣が羽田孜、大蔵大臣が藤井裕久、厚生大臣が大内啓伍で、新生党が七人、社会党が五人、民社党が一人、公明党が二人、新党さきがけが一人、社会民主連合が一人、民間が二人であった。

スタート時点から寄合所帯の内部対立が始まった。主義主張が一致しているわけではなくて、権力が欲しいから集まった烏合の衆である。あくまでも細川の人気に支えられていただけで、一皮むくとバラバラで反目しあっていたのである。

それでも細川内閣の支持率は、毎日新聞の世論調査によると、発足時には七五パーセントを記録した。不支持はわずか九パーセントであった。ＮＨＫや朝日新聞もほぼ同じような数字であった。

それだけ圧倒的な国民の支持をうけながらも、懸案の選挙制度改革で、与党内で一致することは難しかった。とくに、社会党内には小選挙区の導入に反対する声が根強くあった。

恒三自身が小選挙区制に賛成していたわけではなかったが、非自民連立政権の誕生に尽力し、政権交代可能な保守政党の必要性を痛感していたこともあって、国民の期待に応えようとしたのである。

恒三は一貫して小選挙区には懐疑的であった。会津事務所を仕切っていた杉原稔は、恒三に向かって「選挙民は小選挙区を望んでいませんよ。中選挙区がいいと思います」と述べたのに対して、一言も反論しなかったという。

杉原は恒三の秘書になる前に、自民党の代議士山本幸雄の秘書であった。山本は内務・建設官僚から衆議院議員に通算七回当選した。第一次中曽根内閣では自治大臣・国家公安委員長を務めた。その後継者が岡田克也である。

小選挙区がどれだけ民意を反映できる選挙制度であるかどうかは、杉原のような恒三の周辺からも疑問の声が上がっていたにもかかわらず、それに逆らうことができない空気が、日本中を支配していたのである。

政治改革四法案は、細川首相と河野洋平自民党総裁との詰めの話し合いが行われ、平成六年一月二十九日に可決された。注目の選挙制度改革では、小選挙区が三〇〇、比例が二〇〇ということが決まった。

第二の近衛だった細川護熙

一応は政治改革の見通しがついたわけで、これから二大政党制に大きく一歩踏み出すというときに、今度は非自民連立政権内部での争いが激化した。陰の立役者である小沢と、細川の側近である官房長官の武村正義の間で、抜き差しならない対立が生じたのである。武村が小沢と大蔵省が画策した国民福祉税に待ったをかけたことと、裏で自民党とつながっていたために、小沢が煙たがったという見方が有力である。

細川は平成六年二月三日の未明、突然記者会見をし、三パーセントの消費税を廃止し、税率七パーセントの国民福祉税を新設することを表明した。小沢が強引に言わせたのである。社会党やさきがけの抵抗で国民福祉税は撤回されたが、二月十日の日米首脳会談を前にしてのドタバタは、あまりにも常軌を免していた。

与党内での抗争は熾烈(しれつ)であったとしても、未だに腑に落ちないのは、細川が米国からの帰国後の四月八日に突然退陣をした理由である。細川が佐川急便から一億円の借金をした件で、自民党から追及されてはいたが、尻尾を巻いて逃げ出すほどのことではなかった。

最近になって分かってきたことは、朝鮮半島情勢の緊迫と無関係ではなかったということだ。月刊『正論』平成十九年十二月号に小池百合子の「細川首相退陣の引き金は『北朝鮮有事』だった」とする一文が掲載されている。アメリカからの圧力に抗しきれずに、政権を投げ出したというのである。

日米首脳会談のために訪米した細川は、米国の政府高官から「官房長官の武村を首にしなければ日本と情報を共有できない」と懸念を告げられた。北朝鮮の核開発にストップをかけるために、米国の武力行使の可能性は高まっていた時期であった。

武村が北朝鮮と深い関係であることを、米国の情報当局はつかんでおり、これでは大変だというので、細川は内閣改造に着手しようとしたが、武村や社会党の抵抗にあって頓挫した。それで非自民連立政権をガラガラポンにしたというのだ。

それ以上に細川は、差し迫っていた朝鮮半島の危機の責任を取りたくなかったのではないか。細川の逃げの姿勢は、近衛と同じであった。同盟国である日本は、安全保障上も米国と足並みを揃えるしかない。細川は、近衛が日米開戦直前に逃げるように退陣し、東条英機に全権を委任したと同じように、戦争を決断するトップにはなりたくなかったのである。

恒三が恐れていたことが現実に起きてしまったのである。しかも細川は、世間に公にする前に、恒三にだけ打ち明けたのである。首相官邸に呼び出された恒三は、細川から「辞任したいんですが」と告げられた。ビックリした恒三は「小沢くんには相談したのか」と確認すると、一言も話していないことが分かった。唯一話をしたのは奥さんだけと聞いて、恒三は言葉を失ってしまったのである。

非自民連立政権を維持するために、恒三は小沢と武村との間を取り持とうとしたが、アメリカの力が働いていたとすれば、それに逆らうことはできず、無駄な抵抗であったことは確かである。

大臣ポスト争いで社会党離脱

細川の後任については、小沢は渡辺美智雄しかいないと思っていた。恒三も同じ意見であった。渡辺が自民党を飛び出せば、六十人が離党する。そうすれば自民党は音を立てて瓦解する。自民党に取って代わる新しい保守勢力が結集するはずであった。

しかし、渡辺には決断する勇気がなく、四月十九日に離党を断念することを表明した。織田信長が今川の大軍を打ち破ることができたのは、たったひとりで馬にまたがって城を飛び出したからだが、渡辺にはその度胸がなかったのである。

恒三と小沢の間では、社会党の扱いをめぐって意見の齟齬（そご）があった。新生党や公明党がそうであったように、小沢は日米、日韓との連携を重視した。社会党はそこに中国を加えることを主張した。恒三はそれでもいいと考えていたが、その当時の小沢はそうではなかった。まさしくアメリカの代弁者そのものであった。

消費増税に関しては「国民の理解を得つつ」との条件を付け加え、「日中の連携」を削除し、「アジアにおける関係各国とも必要に応じて連携するものとする」ということで妥協したのは、社会党右派の努力の産物であった。

これを受けて、新生党党首の羽田孜は四月二十五日、衆院本会議と参議院本会議で首班に指名された。ようやく政策的に一致点を見たのに、それをぶちこわしたのが、小沢の組閣でのしくじりであった。

社会党が政権を離脱することになったのは、恒三によれば、大臣のポストをどう振り分けるかの、ささいなことであった。寄せ集め内閣の常で、情けないことに椅子取りゲームになってしまったのだ。

恒三が『耳障りなことを言う勇気』で書いているように、「寄り合い所帯は悲劇を生む」のである。数の配分からも民社党は一つということになった。民社党委員長の大内啓伍が細川内閣で入閣していた。小沢が別の民社党のベテラン議員に打診しており、羽田内閣での入閣がほぼ確定していた。大内が辞めないと言い出したから、収拾が付かなくなってしまったのである。

どこにでも策士はいるもので、平野貞夫が社会党以外で新統一会派「改新」をつくる案を小沢に示し、それに小沢が乗ってしまったのである。これによって民社党は、大臣を二人出すことが可能となったが、これで割を食うのは社会党である。

いくら社会党右派が妥協に応じたとしても、中国のことで譲歩し、首班指名では「羽田孜」と書いたにもかかわらず、大臣ポストを減らされたのでは党内を説得することは難しい。下駄の雪にはなりたくなかった社会党委員長の村山富市は、それを口実に連立政権離脱を表明したのである。

第九章　新進党分裂と小泉旋風

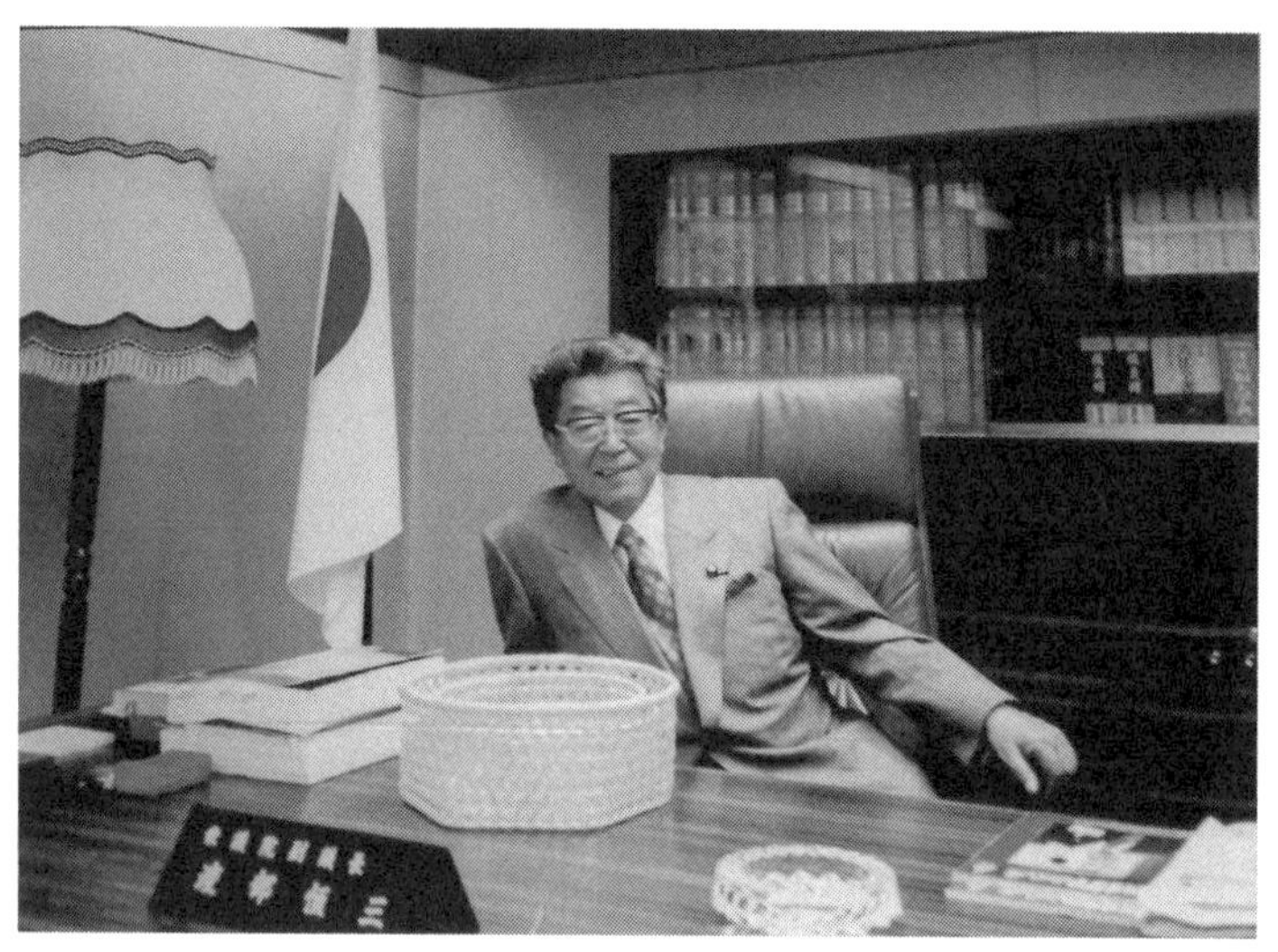

衆議院副議長時代

少数与党でのスタートとなった羽田内閣は、平成六年四月二十八日から六月三十日までの六十四日間の短命内閣となった。このとき与党の中枢を担ったのは、新生党代表幹事の小沢一郎、公明党書記長の市川雄一による一一ラインであった。

この二人への反発もあって、新党さきがけも閣外協力にとどまった。社会党も同一歩調を取ることとなり、会期を四十日間延長して平成六年度予算案が六月二十三日に可決された。その時点で羽田内閣は用済みとなったのである。

そのタイミングを待っていた自民党は、その日のうちに内閣不信任案を提出した。社会党も賛成することがほぼ確実視されていたため、羽田は本会議直前に衆議院議長へ内閣総辞職を通知した。社会党との連立協議が不調に終わったからで、内閣不信任案が可決される見通しが高まったからだ。

小沢の思い通りにならなかったのは、自民党総裁が河野洋平であったことと無関係ではな

総理大臣に就任した羽田孜が会津を訪れ、恒三の家族と記念撮影

いだろう。それ以外の人間であったならば、社会党と組むことはためらったに違いないからだ。

自民党の宏池会を中心にしたリベラル派と、村山富市の社会党左派との間で、水面下での接触が行われていた可能性が強い。「従軍慰安婦」に関して、宮澤内閣末期に河野談話が出た背景には、小沢に対抗するために、敵の敵は味方ということになったのではないだろうか。平成五年八月四日の段階で、そんな談話を出す必然性が自民党サイドにあったとは思えないからである。

河野談話では「慰安所は、当時の軍当局の要請により設営されたものであり、慰安所の設置、管理及び慰安婦の移送については、旧日本軍が直接あるいは間接にこれに関与した。慰安婦の募集については、軍の要請を受けた業者が主としてこれに当たったが、その場合も、甘言、強圧による等、本人たちの意思に反して集められた事例が数多くあり、更に、官憲等が直接これに加担したこともあったことが明らかになった。また、慰安所における生活は、強制的な状況の下での痛ましいものであった」と明確に述べたのである。

日本にとってマイナスになることであろうとも、自分たちが政権の座に復帰するために、何でもありなのが政治なのである。河野洋平官房長官がなぜそこまでしたのか、それもまた謎に包まれている。

石川真澄は『戦後政治史』において「村山内閣はキャスティング・ヴォートを持った勢力に首相の座を与え、それによって政権を獲得するという細川内閣をつくったときと同じ政治力学が再び用いられてできたものといえる」との見方を示した。

自民党総裁の河野洋平は、社会党党首の村山富市を総理に担ぐことで、自社さで合意し、反転攻勢のきっかけにした。主義主張は後回しにされ、権力奪取の権謀術数がまかり通るのが政治の世界なのである。

小沢も黙っていたわけではない。六月二十九日の首班指名選挙を前にして、午後六時過ぎに海部俊樹が記者会見をして、急きょ立候補することを表明した。自民党をどこまで割ることができるかどうかが勝負であった。

恒三は小沢の自民党対策がうまくいっているとは思っていなかった。手伝っていたら情勢は変わっていたはずなのに、小沢は自分の力を過信していた。その後行われた内閣総理大臣の指名選挙では、村山が二四一票、海部二一〇票、不破哲三五票、河野洋平五票、白票無効二三票であった。

村山と海部とも過半数を制することができなかったので、決選投票が行われ、村山が選ばれ、社会党の首相が誕生したのである。村山内閣が発足したのは六月三十日で、閣僚の内訳は自民党十三、社会党五、さきがけ二であった。

恒三からすれば、ぶざまな展開であった。小沢がさきがけの武村や社会党を徹底的に袖にしたことで、たらいの水と一緒に赤子を流してしまったのだ。ようやく自民党から奪い取った政権を失ったのである。

村山は七月十八日の臨時国会での所信表明演説で、日米安保体制の堅持、自衛隊の合憲、日の丸君が代の容認に舵を切った。それまでの社会党には考えられないことであったが、非自民連立政権に参加した段階で、すでにソビエト型共産主義から決別し、現実路線に転換をしたのである。

石川真澄は「戦後政治を主導してきた『保守』は、日本政治全体を覆う広い合意の体系となり、より強い継続に向かいつつあるように見える。というより、保守政治に対峙してきた『革新』が、従来もっていた意味をほぼ消し去ったために、対立概念を失った『保守』は、保守と限定する必要さえなくなりつつあるといえそうである」（『同』）と分析をした。

左右のイデオロギー的にはそうかも知れないが、日本国内での親米派と親中派との確執は、現在でも下火になったわけではない。小沢が強引なことをした背景には、米国の意向が働いていたともいわれる。中国や北朝鮮に近いとみられていた武村の排除は、小沢の個人的な感情からでたものではないはずだ。

アメリカに引きずり回された悔しさもあって、小沢は反米になって親中派になったのではないだろうか。共産党と組むまでになったのは、そのときのトラウマがあるからではないだろうか。

海部党首に新進党を結成

新進党は平成六年十二月十日に結成された。新生党、公明新党、日本新党、民社党、自由改革連合に属していた国会議員が参加した。衆参両院議員二百十四人を擁する政党である。小沢や恒三は政権から追い落とされることにはなったが、その一方で自民党に匹敵するだけの保守政党を立ち上げることになったのである、にもかかわらず、小沢と羽田との対立は抜き差しならないものになっていた。話し合いによって元首相の海部俊樹に党首を一本化するということに、羽田が納得せず、抵抗したからである。

新進党の初代の党首を選ぶ新党準備会は十二月八日午後六時から行われ、海部が一三一票を獲得して圧勝した。羽田は五二票、旧民社党をバックにして出た米沢隆は三一票であった。そこでも激突したことで、なおさら小沢と羽田の対立は尾を引くことになった。

海部を党首に押し立てた小沢は幹事長、恒三は幹事長代理に就任した。平成七年七月二十三日の第十七回参議院通常選挙で、新進党は改選議席の一九議席から四〇議席へと増加した。これに対して、社会党は首相を出しながら、四一議席から二五議席も減らす惨敗に終わった。与党の中心である自民党は、三三議席から四九議席へ増やした。

恒三の地元である福島選挙区では、恒三の子飼いの前福島県議会議員和田洋子が新進党公認で初当選を飾った。女性の社会進出の必要性を訴えていた恒三は、自らそれを実践したのである。

注目すべきは、比例区の得票に関しては、新進党が一二五〇万六三二二票で、自民党の一一〇九万六九七二を上回ったことである。当然のごとく新進党内部には、小沢を党首として担ごうとする動きが活発化した。海部はあくまでもワンポイントのリリーフであって、いよいよ小沢の出番といった気運がみなぎっていた。

これに対して、羽田や細川のグループは、人事などで小沢の専行が目立ち、意思決定のプロセスにも問題があるとして、逆に小沢を幹事長から外そうとした。再び両者が激突することにでもなれば、新進党は持たないと思った恒三は、必死になって二人の間を取り持とうとした。

恒三からすれば、羽田が幹事長に小沢を据えればいいだけであって、それで丸く収まるはずであった。だが、羽田は皆が自分に加勢してくれると楽観視していた。恒三からみれば、あまりにも甘い判断であった。小沢に敵がいるということは、逆に熱心な味方もいるからで、侮ることはできないのである。

新進党の党首選に臨むにあたって、小沢や羽田はそれぞれ政策を打ち出した。小沢は構造改革の推進や、自衛隊とは別の国連警察部隊の創設などであった。羽田は規制緩和や税制の改革などである。

二人の政策にそれほどの違いがあったわけではなく、羽田からしてみれば、利用されただけだという怒りの爆発であった。恒三はどっちとも距離を置きたかったが、「すべて恒三さんに一任する」と言ってくれた小沢を支持せざるを得なかった。

新進党の本部がある虎ノ門で党首選の開票作業が始まったのは、十二月二十七日午前九時のことであった。党員党友の票では、羽田は小沢の十一万四千票に約五千五百足りなかっただけであったが、参加費を支払って投票権を手にした一般票では、小沢は羽田に五五万票の差を付けた。恒三の見方が正しかったのである。ムードだけでは小沢を破ることはできなかったのだ。

新進党の亀裂深まる

新進党内部の亀裂が深まっているのを尻目に、自社さ政権でも新たな展開があった。党として消滅寸前の社会党では、今後の見通しがないというので村山が退陣し、与党第一党の自民党総裁である橋本龍太郎にお鉢が回ってきたのである。平成八年一月十一日には橋本が首班指名を受け首相に就任した。自民党は失地を回復しようとしているのに、新進党はもたついていたのである。

新進党の反小沢派五十七人の国会議員が一月二十二日、羽田派を結成した。恒三からすればどっちもどっちであった。次期の総選挙から小選挙区制が導入されることに決まっているのに、内部で反目しているときではないからだ。

恒三は小沢と羽田の仲を取り持とうとしたが、それに横槍を入れたのが細川護熙であった。一度檜舞台に立って時の人になったのが忘れられず、新進党の多くが小沢になびくのに苛立っていたのだ。まさしく昨日の友は今日の敵であった。そうなると小沢の方でも手段を選ばなくなった。

自分を排除した竹下と、小沢は急接近することになったのだ。五月四日夜、北京で小沢と竹下が接触したのである。そこには自民党の青木幹夫参議院議員、新進党の岡田克也も立ち会った。

恒三は「小沢の行動をあまりにも軽率だ」と批判した。新進党は、国会議員の数では自民党に引けを取らない。しかし、国民からの支持となると格段の差がある。もっと勢力を拡大して、自民党を吸収するようでなければ、話し合いなどすべきではないからだ。徹底したリアリストであった恒三は、気然たる態度を小沢に望んだのである。

それと同時に恒三は、鳩山邦夫と船田元が新進党を出ていかないように、必死になって説得を試みた。党内がまとまらなければ、選挙で勝てるわけがないからである。総選挙直前の九月十七日、菅直人と鳩山由紀夫二人代表制の民主党が結成されたことで、新進党内の反小沢派は浮足立っていたのである。

そんな党内事情にもかかわらず、小選挙区制が初めて導入された平成八年十月二十日投開票の第四十一回総選挙では、新進党は一五六議席を獲得して現状を維持した。自民党は二三九議席、民主党は五二議席、共産党は二六議席、社民党一五議席、さきがけ二議席、民主改革連合一議席、無所属九議席であった。

社民党とさきがけが閣外協力となったことで、十一月七日に発足した第二次橋本内閣は単独政権となった。社会党は一月に名称を社民党に変更したにもかかわらず、じり貧から脱することはできなかった。

与党サイドとしては、国会をスムーズに運営するためにも、野党第一党の新進党に副議長を渡すしかないというので、恒三に白羽の矢が立った。議会政治の原則からすればそうだが、議長や副議長というのは、国会議員にとっては一丁上がりのポストである。恒三も気が進まなかった。

仕方なく恒三が承諾したのは、議長は自民党副総裁の小渕恵三に決まったかのような報道があったからだ。小渕自身もそれを受けるかのような雰囲気であった。地元後援会が「三権の長の一つである議長になれば、将来の首相の芽がなくなる」と反対したために、君主は豹変すということで、直前になって断ったのである。

ノンフィクション作家の佐野眞一の『凡宰伝』では、副議長就任を恒三が後悔して「それに比べてオレは不運だ。被害者だよ。小渕が自民党から出るので、バランスをとって、野党から副議長になってくれと頼まれた。ずいぶん抵抗したんだけど、引き受けたら、小渕の方はさっさと逃げていってしまった」と愚痴をこぼしたという。

野党の国会議員では、目の前に総理の座がぶら下がっていることは、まずは絶対にあり得ない。自民党に残っていれば、地元後援会も同じような動きをしただろうが、それを期待する方が無理なのである。

恒三を副議長にすることは、平野貞夫が小沢にアドバイスをしたともいわれる。小沢の取り巻きにとっては、党内融和にこだわる恒三は煙たかったのだろう。しかし、策士策に溺れるで、それが結局は自分たちの首を絞めることになったのである。調整役がいなければ分裂は避けられないからだ。

恒三自身が心配した通り、新進党は音を立てて崩れることになった。恒三が副議長になって無所属になったことをいいことに、小沢は徹底的に無視するようになった。恒三の出る幕がなくなったことで、小沢の暴走にストップをかける人間はいなくなったのである。

羽田孜、奥田敬和、熊谷弘ら衆議院議員が十人、北澤俊美ら参議院議員三人が新進党に三下り半を突き付け、十二月二十六日に太陽党を結成した。平成九年六月十八日には細川護熙も新進党に見切りをつけた。

反小沢の大物が離れたことで、党内が小沢一色になったかといえば、そうではなかった。新進党の党首選は十二月十八日に行われたが、鹿野道彦が若手に担ぎ出されて代表選に出馬した。二三〇票を獲得して小沢が再選を果たしたものの、鹿野は一八二票を取って予想以上の善戦をした。

いくら小沢であろうとも、不満分子を一掃することは困難だったのである。これに業を煮やした小沢は、純化路線を徹底させるために、新進党から分党して、平成十年一月六日に自由党を結成した。

結党時の勢力は衆議院が四十二人、参議院が十二人であった。旧公明党グループからは九人、旧民社党から五人が参加した。党首は小沢一郎、副党首は西岡武夫、幹事長は野田毅、政策調査会長井上喜一、国会対策委員長二階俊博、参議院議員会長平井卓志であった。

新進党と合流することになっていた公明党が、翌年に予定されていた参議院選挙では、比例区については公明党独自で臨むことになっていたので、それを嫌がったとの観測もあるが、恒三にとっては、悔やんでも悔やみきれない出来事であった。自分が所属していた政党が消滅してしまったからだ。

新進党が解体されて一時は七つの政党が誕生したが、それはあくまでも過度的なものであった。平成十年四月二十七日には民政党、新党友愛、改革クラブが民主党に合流したからだ。

新しい民主党の顔ぶれは、党首が菅直人、政調会長は伊藤英成、総務会長は横路孝弘、幹事長代理は鳩山由紀夫、国対委員長は石井一であった。こちらは衆議院九十三人、参議院三十八人であった。

その後押しを恒三はしたのだった。副議長ではあっても、そんなドタバタ劇を見過ごすことはできなかったからだ。新進党が消滅して恒三の出身母体がなくなってしまったわけで、「おれの帰る家をつくってくれ」との一言がマスコミでも大きく取り上げられた。

小渕内閣の黒幕は竹下

自民党に対抗する主要な野党が民主党と自由党とに分裂する中で、平成十年七月十二日投開票の第十八回参議院通常選挙が行われ、予想に反して自民党は四四議席しか獲得できず惨敗し、民主党は二七議席、共産党は一五議席と善戦した。このほか、公明党九議席、自由党六議席、社会民主党五議席、無所属が二〇議席であった。

恒三の甥で秘書であった佐藤雄平は、定数二の福島選挙区でトップで初当選を飾った。自民党を離れても、恒三の足元は盤石であったのだ。佐藤は無所属ながら、民主党、社民党、公明党の推薦を受け、連合型候補としての出馬であった。秘書としてはピカイチだっただけに、恒三は佐藤が出ることには戸惑いがあったが、非自民という流れができたことで、そのムードに乗ることができたのである。

自民党がなぜ敗れねばならなかったかというと、橋本が財政再建を強引に推し進め、三年間で公共事業を一五パーセント削減するとか、社会保障費の伸びを二パーセントにとどめるとかの、荒療治をしたからである。

ようやく自民党が単独政権に復帰するチャンスであったのに、前年に消費税率を上げたことで景気も低迷し、自民党の支持者からもそっぽを向かれてしまったのである。

橋本は自らの経済政策の間違いを認めており、「私は平成九年から十年にかけて緊縮財政をやり、国民に迷惑をかけた。私の友人も自殺した。本当に国民に申し訳なかった」（橋本龍太郎のホームページ）と悔いたのだった。

恒三からすれば、橋本が失敗した理由は明確であった。「頭が良すぎて官僚の言うことを鵜呑みにした」からであった。それがオウンゴールになってしまったのだ。この責任を取って橋本内閣は七月三十日に総辞職した。

政治は頭ではないのである、弁が立って相手を言い負かすことよりは、庶民が今何を考え、何を悩んでいるかに思いをはせ、そのために何ができるかを示すべきなのである。

自民党内では小渕恵三を擁立する動きが本格化した。影響力を温存していた竹下登が乗り出して調整を買って出たのである。与党の座を維持するためには、争っている暇はなかったからだ。

それで党内の大勢は決したかのように見えたが、同じ小渕派の梶山静六が猛反発し、反旗を翻して派閥を離脱した。これに佐藤信二、菅義偉も続き、七月二十四日に行われた総裁選に梶山が立候補を表明した。このほか、三塚派からは小泉純一郎が名乗りを上げ、三つ巴の争いとなった。田中角栄の娘の田中真紀子が「凡人」「軍人」「変人」と三人を揶揄して話題になった総裁選であった。

小渕が二二五票、梶山が一〇二票、小泉は八四票であった。梶山が三ケタを超えたのは大善戦であった。三塚派が梶山で一本化すればもっと追い詰めた可能性があるが、小泉が出たことで、それはかなわなかった。

小渕内閣は平成十年七月三十日にスタートした。橋本内閣に続き自民党単独政権であった。経済重視のスローガンを掲げていただけに、大蔵大臣に元首相の宮澤喜一を、経済企画庁長官に評論家の堺屋太一を起用した。内閣官房長官は野中広務であった。

発足時の内閣支持率は二〇パーセントにも届かず、歴代内閣でも最悪の部類といわれた。橋本と比べてスター的要素がないことで、当初は国民受けがよくなかったのである。

自民党内の抗争を横目に、恒三は平成十年二月、「龍馬の会」を立ち上げた。これからの日本をリードする政治家を育てるのが目的で、民主党と旧公明党グループの若手を副議長公邸に集めて勉強会を開いた。菅直人、羽田孜、神崎武法、中野寛成らが講師を務めた。「龍馬の会」という名前にしたのは、薩長同盟の成立に坂本龍馬が奔走したように、政界再編を意識していたからだろう。

恒三は八月十日、総裁選で敗れて間もなかった梶山静六を講師に招いた。梶山は約一時間にわたって、金融問題を中心に熱弁を振ったが、いつになく恒三自身もその講演に感動したのだった。

梶山は県議会議員から国会議員になった。庶民の暮らしがどうなっているかを肌で感じることができる政治家で、デフレになれば、雇用が失われ、自殺者が増えることをデータで示し、強力な経済政策を訴えたのである。

平成十年十月一日発行の『文藝春秋』に掲載された梶山静六の「わが救国宣言」では、日本経済がデフレ・スパイラル突入の一歩手前であることに触れ、それを阻止するための処方せんとして「現在行われている緊急経済対策に加え、さらなる需要創出・雇用創出に向けて追加的な経済政策を行っていくことが必要です」との持論を展開した。

梶山は「すでに高度成長の時代は夢となりました」と述べながらも、「将来のわが国が少なくとも二パーセントを超える実質経済成長率を達成し、中負担高福祉の社会保障国家となり、かつ活力ある経済社会を構築していくことが可能であると私は信じています」と熱っぽく語ったのである。

自自公政権と小沢一郎

恒三にとっては思いもよらないことが起きた。小渕恵三と自由党党首の小沢一郎が平成十年十一月十九日自自連立で合意したのである。自民党に取って代わる政党をつくるために飛び出したはずなのに、元の鞘に収まるというのは、恒三には理解できないことであった。

その合意を受けて、翌年一月十四日にスタートした小渕第一次改造内閣では、自由党から野田毅が自治大臣として入閣した。恒三に近く、小沢の懐刀ともいわれていた二階俊博は、野党自由党の国対委員長であったが、連立政権に加わったことで、与党に身を置くことになった。

自自連立の陰の仕掛け人は竹下登だといわれていた。恒三自身もそう思っていた。小沢が詫びを入れれば、水に流してくれるような政治家である。できるだけ敵をつくらないのが竹下なのである。

小渕にしても、それは渡りに船であった。自民党単独政権ではいつ権力の座を追われるか分からない。それを防ぐには連立しか考えられなかったからだ。まずは自由党、次は公明党というのが、小渕の視野には入っていたのである。

公明党との連立の前に一悶着があった。前年に総裁選をしたばかりなので小渕は無投票を望んでいた。加藤紘一や山崎拓が挑戦状を叩きつけたために、九月二十一日に総裁選挙が行われた。得票数は小渕三五〇票、加藤紘一一一三票、山崎拓五一票であった。

小渕第二次改造内閣は十月五日に発足。そのときから自自公政権となった。公明党からは續訓弘が総務庁長官に就任した。これで政局が安定すると思われたが、そうは問屋が卸(おろ)さなかった。

自由党の小沢一郎が小渕に無理難題を押し付けてきたのである。衆議院の比例の定数を二〇削減する法案を、来年度予算案の審議に入る前に処理することを求めてきたのだ。自由党との連立を維持したい自民党は、その要求に応えるべく、公明党の協力を得て一月二十五日の審議入りを目指した。

しかし、民主党、共産党、社民党が応じないばかりか、強硬策を取った場合には、一切の審議を拒否するとの方針を伝えてきた。これではいつになってもらちがあかないので、翌日までずれこんだ。

衆議院定数の削減を扱う衆議院政治倫理確立・公職選挙法改正特別委員会は一月二十六日開催されたが、採決を急いだ与党は民主、共産、社民の三党が欠席のまま可決したのである。

続いて、衆議院議運運営委員会では、委員長の大島理森が職権で二十七日に本会議を設定した。

これに対して、民主党などの野党は猛反発をした。そこで衆議院議長の伊藤宗一郎が斡旋案を与野党に提示した。施政方針演説と各党の代表質問、さらにはそれに続く予算審議を重視する立場からも、「定数削減法案は、施政方針演説及び質疑の議事が終了するまで議長が預かる。定数削減法案は二月二日に議了とする。各党互譲の精神をもって議長の意あるところをご理解いただき、ご協力願いたい」という内容であった。

恒三も伊藤と同じようにそこを落としどころと考えていた。大島も議会運営委員会の理事懇談会で与野党の調整を諦めてはいなかった。妥協点を見いだすことができなければ、副議長である恒三が責任を取るようになるのを恐れたからだ。それでは政局になってしまうからである。

最終的には、与党が斡旋案を拒否し、野党も難色を示したために、伊藤は開会のベルを押すことになった。与党にとっては予定通りの結末であったが、恒三からすれば許せない暴挙であった。

民主的な国会の運営よりも、小渕と小沢の約束が優先されてしまったからである。いくら野党が難色を示したとしても、与党は斡旋案を受け入れるべきであった。一月二十七日と二月二日では、たかだか五日しか違わないのである。

これでは野党が納得しないのは当然である。恒三はすぐにでも辞表を出したい思いに駆られたが、ここで逃げ出せば国会が混乱することは避けられないので、正常化に向けて民主党への働きかけを強めた。予算審議を拒否することは、民主党にとってもプラスにならないからである。

小渕の死で森喜朗が総理総裁に

民主党代表の鳩山由紀夫と恒三は、二人だけで話し合った。そして、ようやく二月九日に国会が正常化することになったのである。そこまで小渕が気を遣ったにもかかわらず、小沢一郎は四月一日、連立政権から離脱し、自民党と袂を分かった。自由党も野田毅に率いられた保守党と分裂し、保守党は自民党、公明党と連立を組むことになったのである。

恒三にとって予想外であったのは、側近だと思われていた中西啓介が小沢と行動を共にしなかったことだ。二階俊博が野田に付いたのは納得ができた。与党にとどまったことで、政治家としての磨きがかけられることになるからだ。もともと小沢の側近としてのし上がったわけではないのである。

小渕が脳卒中で倒れたのはその夜である。首相公邸でのことであった。四月四日に小渕内閣は総辞職し、小渕に代わって森喜朗が引き継ぐ形で、第一次森内閣がスタートした。このときには自公保政権になっていたのである。

小渕がこの世を去ったのは五月十四日であった。恒三は小渕の死を『耳障りなことを言う勇気』において「今思い出しても涙が出る。志半ばで命を断たれてしまったんだからな。本人が一番悔しい思いをしているはずだ」と回顧するとともに、「あの年は、悲しいことが続いた。六月に入ると、梶山さん、竹下さんまで亡くなってしまった」と嘆いたのだった。恒三は、彼らの死によって一つの時代が終わり、新しい時代の幕が開けることを実感したのである。

小渕の功績としては、大蔵大臣に宮澤喜一、経済企画庁長官に堺屋太一を据えたことで、緊縮派であった橋本龍太郎の負の部分を払拭しようとしたことは、特筆されなくてはならない。

佐野眞一は「何よりも皮肉だったのは、小渕の退陣を伝える新聞の見出しの横に、彼がもっとも気にしていた日銀の短観（企業短期経済観測調査）情報が載り、景気判断五期連続改善の結果を伝えていたことである。景気の先行きに曙光がみえてきたとき、小渕は倒れた」(『凡宰伝』)と書いている。志半ばでの無念の死であった。

小渕が長期に政権を担当していれば、小泉構造改革による日本とは、まったく違った日本になっていたような気がしてならない。小泉自身が革命的と自画自賛した荒療治ではなく、保守政治家らしいバランス感覚による政治で、ソフトランディングした可能性が高いからだ。

政治に空白は許されないこともあって、小渕の病気入院からわずか二十四時間で、自民党は後継者を森喜朗に決めた。幹事長であった森は、自ら派閥を率いており、官房長官の青木幹雄、幹事長代理の野中広務がいる小渕派が連合すれば、どこの派閥も楯突くことはできなかったのである。そこに政調会長である亀井静香、参議院議員会長である村上正邦の江藤・亀井派の支持も取り付けたわけだから、まさしく盤石であった。

第一次森内閣は四月五日にスタートした。内閣官房長官の青木幹雄を含めて、すべて前内閣の閣僚のままであった。総選挙が迫っていたこともあり、選挙管理内閣的な色彩が強かった。

弁舌では引けを取らない森が、口が災いして総選挙の足を引っ張ることになる。その当時はマスコミの影響力は絶対であった。

一つは神道政治連盟懇談会の結成三十周年での「神の国発言」である。「日本の国、まさに天皇を中心としている神の国であるということを国民の皆さんにしっかりと承知して戴く、そのために我々が頑張ってきた」と述べたのに、マスコミが噛みついたのである。

もう一つは「まだ決めていない人が、四〇パーセントくらいいる。そのまま関心がないといって寝てしまってくれれば、それでいいんですけど、そうはいかない」と口にしたことも、マスコミは鬼の首でも取ったように騒ぎ立てた。

森の発言がすぐに政局になってしまうことについて、恒三は「官邸番の記者と喧嘩をするからである」と分析する。相手を徹底的に言い負かす喧嘩腰の話し方が反感を買うというのだ。マスコミに足を引っ張られるのは、森自身にも問題があるというのだ。

第四十二回衆議院議員総選挙は平成十二年六月二十五日投開票で行われ、自民党は三八議席減の二三三議席となった。その一方で野党は民主党が三二議席増の一二七議席と躍進した。かろうじて与党の自公保は過半数を維持したものの、自民党にとっては厳しい結果となった。

総選挙の洗礼を受けた第二次森内閣は、七月四日にスタートした。党役員人事では、総務会長に加藤派の小里貞利を起用した。経済閣僚は大蔵大臣に宮澤喜一、経済企画庁長官に堺屋太一を再任させるなど、小渕カラーを踏襲しつつも、官房長官に側近の中川秀直をあて、保守党からは党首の扇千景が建設大臣・国土庁長官として初入閣した。

首班指名選挙に先だっての衆議院の正副議長選挙で、前代未聞のことが起きた。恒三が与党に推されて副議長に再任されたのである。

事の発端は、自民党の国対委員長の古賀誠と民主党国対委員長の川端達夫が院内の副議長室にやってきて、「議長になる綿貫民輔との組み合わせでお願いしたい」と言ってきたことだ。

在職が三年六カ月にもなっていたので、恒三は「おれは引き受けないぞ」と素っ気なく返事をした。その言葉をそのまま川端が幹事長の羽田孜に報告した。恒三が固辞したというので、当初から推す声があった石井一に民主党内がまとまりかけたのだ。

ところが今度は自民党が納得しない。幹事長の野中広務と石井の仲は最悪で、川端は立場がなくなった。最終的には代表の菅直人の一言で、民主党は石井に決定したが、自公保の票で恒三が副議長に選ばれたのである。だからといって恒三は自民党に手加減をしたわけでもなく、復党したわけでもないのだから、政治的な信念は一貫しており、少しもぶれることはなかったのである。

ダッチロール状態から抜け出せないでいた森を最終的に追い詰めたのは、野党が十一月二十日に提出した内閣不信任決議案であった。加藤紘一が野党と行動を共にしようとしたことで、政局は一気に緊迫した。自民党を背負って立つホープと期待されながらも、小渕、森に後れを取ってしまった加藤が、山崎拓と捨て身の勝負に出たのである。

加藤の乱は不発で小泉の時代に

森内閣の支持率は五・七パーセントにまで低下していた。自民党支持者も離れていた。宮澤喜一から名門宏池会を譲ってもらった加藤は、国民が自分を支持してくれると思ったのである。盟友である山崎拓の賛同を得たものの、宏池会で加藤に従った者はわずかであった。これが世にいう「加藤の乱」であり、政局の主導権を握ろうとした「クーデター」は失敗に終わったのである。

加藤は民主党の菅直人や鳩山由紀夫とも連絡を取り合っていた。加藤が率いる宏池会の衆議院議員は四十五人、同志である山崎拓の十九人を加えると六十四人であった。賛成の票を投じれば、内閣不信任案が可決されるのは確実であった。しかし、宏池会は切り崩しにあってズタズタとなり、加藤やその側近も欠席でお茶を濁したのであった。加藤が一人で本会議場に向かおうとしたのを、谷垣禎一が涙ながらに「ひとりで突撃なんて駄目ですよ」と肩をつかんで慰留したのだった。

「クーデター」は不発に終わったとはいえ、この先はないということを自覚した森は、平成十三年三月一日、幹事長の古賀誠らを首相官邸に呼び、九月に予定されている総裁選挙を四月に繰り上げて実施するとの意思を示した。そして、四月六日の閣僚懇談会では正式に辞意を表明したのである。宏池会で加藤と共に欠席したのは、小里貞利、原田昇左右、森田一、岸宏一、谷垣禎一、川崎二郎、逢沢一郎、園田博之らであった。

平成十三年四月十二日の総裁選には小泉純一郎、橋本龍太郎、亀井静香、麻生太郎の四人が立候補した。最大派閥がバックに控えている橋本が優勢と思われていたが、小泉の「自民党をぶっこわす」というフレーズが国民に受け、一大ブームとなった。「閉塞感を打破してくれるのでは」との期待が高まったのである。

小泉の主張は明快であった。『官僚王国解体論』では、三つの既得権益を打破する政策として三つを掲げた。一つ目は首相公選制で、国会議員が握っている総理大臣の選挙権を一般の主権者に引き渡すこと。二つ目は東京一極集中の弊害を是正し、国会、行政、司法に関する機能のうち、中枢的なものを東京から地方へ移転し、国土の均等ある発展を図ること。

そして三つ目は郵便配達、簡易保険のいわゆる郵政三事業を民営化することによって、官僚の既得権益を民間人に渡すことであった。

これらの政策は、自民党が進めてきた「大きな政府」から「小さな政府」への転換を意味した。スンナリと認められるわけはないというのが大方の見方であったが、ワンフレーズの「官から民へ」「構造改革なくして成長なし」という言葉が国民に受け、一躍小泉は時の人となったのである。

小泉は四月十三日の予備選挙で圧勝し、四十一都道府県でトップであったばかりか、国会議員を含めた翌二十四日の本選挙でも圧勝した。その勢いに乗って小泉は「聖域なき構造改革」に着手することになったのである。

小泉第一次内閣は平成十三年四月二十六日にスタートした。法務大臣に森山眞弓、外務大臣が田中眞紀子、文科大臣に遠山敦子、環境大臣に川口順子が就任した。四人の女性閣僚が誕生し、世間をあっと言わせた。

小泉内閣の評価については賛否両論いろいろあるが、マスコミが重要な役割を果たした。小泉に対してはマスコミが好意的であった。かつて恒三が国対委員長のときに、小泉は国対副委員長として支えてくれたことがあった。知らない仲ではなかったが、マスコミ、ときにテレビが政治を動かすようになってしまうことに、恒三は危機感を覚えたのだった。

第十九回参議院選挙は七月二十九日に投開票で行われた。比例区が従来の党名による投票から、党名、比例候補者名のいずれでも投票できる方式に変わったはじめての選挙であった。小泉人気もあって、六四議席に復調し、比例区では二十議席を獲得した。それでも民主党は二六議席を得て現有議席を上回った。森内閣末期の不人気を考慮して、自民党は大都市圏の東京都などの選挙区で候補者をしぼったために、それで民主党は助けられたのだった。自前の力ではなかったのである。

恒三の予想では、参議院選挙で自民党が大敗北を喫して、野党が政権を取るチャンスがめぐってくるはずであった。それが見事に裏切られてしまったのである。民主党が鳩山由紀夫代表のもとにまとまらなくてはならないのに、旧社会党の横路孝弘のグループが鳩山を引きずり下ろすとしていた。あまりにも目に余るので、恒三はそこのメンバーを厳しく注意した。

話題に事欠かない小泉は平成十四年九月十七日、電撃的な北朝鮮訪問を実現し、日本人拉致被害者五人を取り戻した。世間をあっといわせることでは、まさしく天才であった。

このニュースで、九月二十三日に行われた民主党の代表選挙が霞んでしまった。代表の鳩山、幹事長の菅、旧社会党出身の横路孝弘、若手に推された野田佳彦が立候補した。鳩山に不満を持つ者が多く、党内でそれぞれが力を蓄えていたのである。一回目の投票では決着がつかず、かろうじて鳩山は、菅との決選投票を僅差で制して三選を果たした。

鳩山に対する風当たりが強くなったのは、旧民社党系の中野寛成を幹事長に抜擢したからであった。鳩山を失脚させるためには、旧社会党などのグループは手段を選ばない。代表を辞める必要はないから、彼らに口実を与えてはならないのである。

そのことを助言するために、恒三は十一月二十九日の夕方、都内で鳩山に会い「いっさいしゃべるな。動くな」と釘を刺したのである。鵜の目鷹の目で見られているわけだから、おとなしくしていればよかったのである。

ところが鳩山は、「三歩歩けば忘れる」ということわざがあるように、恒三と会ってから数時間後に、永田町一丁目の民主党本部で記者会見を開き、自由党との連携を口にしたのである。小沢を嫌うグループからは集中砲火を浴びた。

記者会見がおわったその足で、鳩山は自由党本部に出かけて、小沢一郎と会談し、大同団結を訴えたのである。「辞めることをほのめかしておきながら、勝手に突っ走るのは問題だ」との批判が若手から続出した。

恒三にアドバイスを受けながら、自分で自分の首を絞めてしまい、十二月三日の常任理事会で鳩山は正式に辞意を表明したのである。世間知らずの「お坊ちゃん」に、恒三はほとほと手を焼いたのだった。

小泉は平成十五年九月二十日の総裁選でも再選され、その翌日に行われた党三役の人事で、当選三回でこの日が誕生日であった安倍晋三を幹事長に抜擢した。これもまたサプライズ人事であった。

総選挙が目前に迫っていたこともあり、合併の話は、新しく民主党代表となった菅直人と、自由党代表の小沢一郎とが話し合って、九月末までに一緒になることで一致した。政策よりも選挙対策が優先された。小選挙区制のもとでは、強大な自民党という与党に対抗するには、それしか選択肢がなかったのである。

「民主党・自由党合併大会」は十月五日、東京都港区の東京プリンスホテルで開かれた。そこでは「小泉政権を打倒し、政権交代を実現する」とのスローガンや「脱官僚」などの「政権公約」が承認された。この民自合併によって、民主党は衆議院一三七議席、参議院六七議席を擁するまでに党勢を拡大したのである。

第四十三回衆議院総選挙は十一月九日投開票で行われたが、自民党は一〇議席を減らしただけの二三七議席を維持した。選挙後に保守新党の四議席が自民党に吸収されたために、自民党は何とか単独過半数を獲得した。評判が悪かった森のイメージを一新し、小泉によって復調の緒に就いたのだった。

菅直人が代表の民主党も「政権交代選挙」を訴えて一七七議席を獲得した。自由党との合併で、前回を四〇議席も上回り、いよいよ二大政党の時代に突入するかと思われた。

だが、平成十六年のいわゆる「年金国会」において、菅直人の納付記録に未納期間があったというのが問題視され、菅は辞任に追い込まれたのである。

これこそまさしくブーメランの典型であった。平成十六年四月二十三日に小泉内閣の閣僚のうちの、経済産業大臣の中川昭一、総務大臣の麻生太郎、防衛長官の石破茂が国民年金の納付をしていなかったことが判明。ここぞとばかり、子供に人気のあった「だんご3兄弟」にちなんで、菅が「未納三兄弟」と批判したにもかかわらず、菅自身も平成八年一月から八月まで、所管の厚生大臣であったにもかかわらず、年金に未加入だったことが判明。五月十日に辞任した。

菅の後任には無投票で岡田克也が選ばれた。岡田が代表となった民主党は、七月二十五日投開票の第二十回参議院議員通常選挙で、民主党が五〇議席を得て、改選前議席の一二増で、自民党の四九議席を上回った。年金をめぐる国民の批判が選挙結果に結びついたのである。

かろうじて参議院の過半数を制した小泉は、平成十七年四月、満を持して「郵政民営化関連法案」を国会に提出した。衆議院では可決されたが、参議院では否決された。それを受けて小泉は衆議院を解散し、総選挙で国民に信を問うたのである。

第四十四回衆議院総選挙は九月十一日投開票で行われた。それまでの自民党とは違って、小泉は自らの政策に反対する者たちには、「刺客」と呼ばれる候補者を、情け容赦なく擁立した。自民党から公認されなかった者たちは、亀井静香や綿貫民輔らが国民新党を、荒井広幸らが新党日本を結成し、独自に選挙を闘うことになった。

刺客の新人候補を現職にぶつけるというのは、従来の自民党には考えられなかったことだ。小選挙区制だからこそできることで、それにもっとも反対していた小泉が、それを逆手にとって反撃に転じたのである。

候補者を発掘したのは、武部勤幹事長、二階俊博総務局長、そして、飯島勲総理秘書官の三人であった。代表的な刺客候補者は東京都十区の小池百合子、静岡七区の片山さつき、福岡十区の西川京子らで、いずれも小選挙区で勝利をもぎ取ったのである。

その手法は「小泉劇場」と呼ばれ、マスコミも大々的に取り上げた。その戦術が功を奏したこともあり、自民党は単独過半数を大幅に超える二九六議席を獲得した。とくに特筆すべきは、自民党が公認した女性候補二十六人全員が当選したことであった。

恒三は福島四区の小選挙区で十三回目の連続当選を果たしたが、対抗馬は自民党公認で新人の渡部篤であった。八田貞義最後の秘書であった。先輩秘書の恒三との事実上の一騎打ちで、小泉ブームに乗って追い上げ、比例での復活当選を果たしたのである。

そこまで自民党が大勝できたのは、「二階がいたからだ」というのが恒三の分析であった。緻密な選挙戦術を立案できる政治家は限られているからだ。そして、徹底的に相手を追い詰めない調整型であることで、次の出番が出てくるのである。

岡田克也が率いる民主党は、六四議席減の一一三議席にとどまった。岡田は即日辞任を表明した。民主党の保守派の切り札で「政策で勝負する」というスローガンを掲げていたのに、小泉人気の前には手の打ちようがなかったのである。後任には前原誠司が就任した。

なぜ小泉が「郵政民営化」にこだわったのだろうか。元自民党幹事長室長の奥島貞雄は、小泉は福田赳夫に傾倒していたことから、「ターゲットは、敵将・田中角栄が足場を築いた『郵政』だったのだ」(『自民党総裁選』)と断言する。昭和四十七年の角福戦争の怨念があって、「ひたすら煮え湯を飲まされ続けてきた福田系は、この選挙で初めて〝田中的なもの〟に勝利することができた」(『同』)というのだ。

しかし、小泉の「自民党をぶっこわす」というのは、保守政党としての自民党の基盤そのものを突き崩すことになった。内外ともに様々な政治的な課題があったにもかかわらず、小泉は「郵政民営化」の一点を争点にして、選挙戦に臨んだのだった。

小泉が叩きつぶすべきは、自民党内の反対勢力であったのだ。それは小泉劇場とも呼ばれ、ポピュリズムの最たるものであった。自民党というか、保守を担ってきた層を一掃しようとする思惑があった。特定郵便局や郵便貯金は、地域の人々の生活と深く結びついているばかりか、自民党の強固な支持基盤であった。森政稔も『迷走する民主主義』において、異例な選挙であったと分析している。

「野党民主党は郵政民営化に反対はしていたが、小泉の主要な敵は野党ではなく、自民党内の反対勢力、小泉が名指しした『抵抗勢力』であった。それら反対の候補者には党の公認を与えなかっただけではなく、落選させるために『刺客』と呼ばれた対立候補を送り込んだ。この選挙で小泉は郵政民営化だけを争点に絞り込み、マーケティングの手法などを用いて、反対者たちに改革に抵抗する悪者というイメージを張り付けるのに成功した。選挙をイベントとして盛り上げたがっているメディアは、小泉のこのような手法を歓迎し、選挙はこれまでになくショー化した」

敵を設定して徹底的にせん滅するというのは、保守とは無縁なのである。一度その道を選んで」しまったゆえに、日本が大変なことになっているのだ。恒三は早稲田大学院時代の論文で、保守主義を「古き尊き価値あるものを守りながら、大胆に新しい価値あるものを創造するものである」と定義した。自民党がグローバリズムやポピュリズムに舵を切ったことに対して、正面切って批判したのが恒三なのである。

第十章　民主党顧問を最後に政界引退

大阪市内で講演する民主党の渡部恒三最高顧問（平成23年10月）
写真提供：共同通信社

（郵政選挙では）副議長を恒三が辞めていたこともあって、それまでとは違って民主党公認の選挙で十三回目の当選を飾った。それ以前は無所属や無所属クラブでの選挙であったが、新進党がなくなっても、ようやく帰る場所ができたのである。

民主党の若手を育てるために恒三は、政界の表舞台で一肌二肌も脱ぐことになった。幹事長であった鳩山由紀夫の要請を受けて、平成十八年三月二日、恒三は国対委員長に就任することになったからである。

大臣や副議長を歴任した恒三が格下の国対委員長をなぜ引き受けたかというと、民主党代表の前原誠司が八方ふさがりであったからだ。堀江貴文の送金メールというのがガサネタであることが明らかになって、民主党への信頼が失墜していたからだ。

自民党からの応援を得て立候補していた堀江貴文が、平成十七年八月二十六日付の社内電子メールで、自民党幹事長であった武部勤の次男に対し、選挙コンサルタント費用として三千万円の振り込みを指示したという疑惑である。

民主党の代議士であった永田寿康が平成十八年二月十六日の衆議院予算委員会で取り上げ、政権与党の自民党を厳しく追及した。当時堀江がライブドア事件にからんで証券取引法違反で起訴された被告であったために、党首の前原や国対委員長の野田佳彦はそれを本当だと信じこんでしまったのである。

しかし、デマであることが明らかになり、前原や野田までもが窮地に立たされてしまった。そこで七十三歳の恒三の出番となった。民主党を立て直すためには、自分が「平成の黄門様にならなくてはならない」と葵の印籠を振りかざしたのだ。

泥臭いのが政治である。そこでは専門的な知識があるかないかよりも、もっと実践的な知が求められる。情報を持って来た人間を信用するかどうかは、学問のあるなしではなく、世の中のことに精通しているかどうかなのである。

恒三が政治家として長年頑張ることができたのは、実践的な知があったからである。民主党の国会議員は、学歴エリートで、キャリア官僚の経験者や弁護士が多いが、知識だけでは政治家は務まらないのである。

偽メール問題で民主党への風当たりが強くなったこともあり、前原誠司は三月三十一日に代表の座を降りた。民主党内の若手保守派の岡田克也や前原の失脚は、民主党に暗い影を落とすことになった。小沢や旧社会党系の影響力が強まったからだ。

後任を決める代表選挙は四月七日、東京の赤坂プリンスホテルで行われ、衆参両院の議員百九十二人が投票した。小沢一郎が一一九票、菅直人が七二票を獲得した。後から民主党に入ってきた小沢が代表に選出されたのである。まさしくどんでん返しである。

それに先立つ四月四日夜、旧鳩山邸の音羽御殿で開かれた観桜会で、恒三は小沢の手を引っ張って菅直人の所に連れて行き、強引に固い握手をさせた。民主党代表選挙で争うことになっていたが、どちらが勝っても後腐れないように、恒三が気を使ったのである。恒三でなければできないことであった。

小沢が代表になっても、執行部の人事にはすぐには手を付けなかった。幹事長は鳩山由紀夫、政策調査会長は松本剛明、国対委員長は渡部恒三という布陣はそのままであった。

小沢は菅を代表代行にすることで、小沢、菅、鳩山というトロイカ体制を構築し、小泉構造改革路線との対決姿勢を明確にした。国民の多くが改革疲れや規制緩和への反発もあって、反自民のムードが都市部を中心にして高まっていた。

小泉以後の安倍、福田、麻生は短命内閣

小泉純一郎の後継である安倍晋三は、禅譲を受けたのではなく、平成十八年九月二十日の自民党総裁選で、麻生太郎と谷垣禎一を破って総裁と首相の座を手にしたのだった。総裁選の二カ月前に安倍が世に問うたのが『美しい国へ』であった。このなかで安倍は自らを「開かれた保守」であると主張し、タブーとされてきた憲法改正を試みようとしたのだ。

その第一弾として、安倍は防衛庁を防衛省に昇格させた。自民党、公明党、民主党、国民新党の賛成で、年末に防衛庁設置法等の一部を改正する法案が年末に衆議院参議院でそれぞれ可決成立したのを受けて、翌年一月九日には防衛庁設置法が防衛省設置法に改題され、防衛庁は防衛省に改められたのである。

また、教育基本法が改正されたのも、第一次安倍内閣においてであった。平成十八年十二月二十二日に交付施行された現行の教育基本法では、前文の出だしが「我々日本国民は」で始まり、「われら」という抽象的な表現を用いていない。そして、国家や国民という言葉が多く用いられているのが特徴だ。

安倍の直接の退陣の理由は、平成十九年七月二十九日の投開票で行われた参議院通常選挙

での敗北であった。自民党は四六議席しか獲得できず、逆に民主党が六〇議席となった。参議院では与野党が逆転したことである。それとともに安倍の健康状態の悪化もあって、マスコミの集中砲火に抵抗する術もなく、引きずりおろされたのである。わずか一年でギブアップしてしまったのである。

続いて、自民党は福田康夫、麻生太郎と新たな総理総裁を立て、自公政権の維持を目指したが、大勢を挽回するまでにはいたらなかった。安倍のときから一年おきに総裁選が実施され、自民党は政権をたらい回しにしたのである。

民主党も安泰ではなかった。代表である小沢一郎の周辺に、捜査の手が及んできたのである。平成二十年から西松建設本社などを家宅捜査していた東京地検特捜部は、翌年三月三日、小沢一郎の資金管理団体「陸山会」の会計責任者であった公設第一秘書の大久保隆規と、西松建設の社長國澤幹雄と幹部一人を政治資金規正法違反の疑いで逮捕したのだ。これによって陸山会の事務所や小沢の地元事務所も捜索された。

菅直人や岡田克也が代表を務めていた平成十四年と平成十六年の民主党のマニフェストには「公共事業受注企業からの政治献金全面禁止」が明記されていた。ところが小沢が代表になった平成十九年の参議院のマニフェストからは削除されていた。

司直の手が及んできたために、小沢は責任を取る形で代表を辞任したが、五月十六日の両院議員総会での代表選においては、小沢が推した鳩山由紀夫が一二四票、岡田克也が九五票で、鳩山が代表に就任した。トップが小沢でなくなったことで、国民の民主党への支持も拡大した。しかし、鳩山のバックには小沢が控えていたのであり、小沢と反小沢の対立は解消されたわけではなかった。

麻生で自公が政権を失う

麻生は平成二十一年七月二十一日に衆議院を解散し、八月三十日投開票の第四十五回総選挙を迎えることになった。任期が九月十日に満了することもあり、自民党は党勢回復を待つことなく、選挙戦に突入するしかなかった。麻生内閣の支持率は各種の世論調査でも、一時は一〇パーセントを切るまでになっていた。

最初から自公政権の負けが確定していた選挙戦であった。民主党の最高顧問となっていた恒三は「破れかぶれ解散」と評したが、それが大方の見方であった。ふたを開けたら予想した通りの結果になった。

民主党は三〇八議席を獲得し、議席占有率は六四・二パーセントに達した。恒三も民主党公認で十四回目の当選を果たした。単独で政権を担えたにもかかわらず、民主党代表の鳩山由紀夫は、あえて社会民主党や国民民主党との連立政権を樹立した。「政権交代選挙」と位置付けていたわりには自信がなかったようだ。

鳩山が代表であっても、そのバックには小沢がいることを知っていた恒三は、民主党が政権を取る前も、取った後も、党内の反小沢グループの拠り所であった。恒三は七十七歳になっていたにもかかわらず、意気軒高として、岡田克也や前原誠司ら若手の指導にあたった。

恒三は誰よりも、民主党政権の危うさを知っていた。民主党が圧勝したとはいえ、それは小選挙区優位の選挙制度のおかげもあったからだ。議席数の差は得票数の以上に反映されるからだ。お祭り騒ぎの典型は朝日新聞などのマスコミであった。政権交代によってバラ色の社会が近づいたかのような報道をしたのである。

民主党政権は問題が山積していた。民主党のマニフェストは「こども手当」「農業の個別所得補償制度」「高速道路無料化」「ガソリン減税」などであったが、それらを実現するには多大な財政支出を必要とするものが含まれていた。財源については選挙前にははっきり説明されず、とりあえずは増税しないことが約束されただけであった。

埋蔵金があるから大丈夫だという見方もあったが、根拠などは最初からなかったのである。

マニフェスト自体も、国民は諸手を上げて賛成していたわけではなく、政権交代の原動力となったのは、自民党への反感であった。

マニフェストが支持されたと思った民主党政権は、官僚政治からの脱却ということで、民主党議員の政府入り（各省庁副大臣および政務官）、事務次官会議の廃止、国家戦略局の創設に手を付けた。

しかし、それがかえって国政を混乱させることになり、政治の信頼を著しく失墜し、国民の民主党離れを加速させることになった。甘い夢を見せられて、それと現実があまりにも違っていれば、怒るのは当たり前である。

安全保障政策でも、民主党政権は迷走を重ねた。普天間飛行場の辺野古移転について、鳩山は反対であることを明言し、「最低でも県外」と大見えを切ったにもかかわらず、希望的観測でしかなかったことは、すぐに明らかになった。米国から拒絶されると、今度は一転して容認する方向に舵を切った。

子ども手当や高速道路の無料化などのマニフェストが困難なことが明るみに出て、財源を考えずに選挙目当てであったことへの批判が高まった。見通しの甘さが露呈してしまったのである。

勝つためには手段を選ばないというのが小沢流である。それで政権を取ったとしても、その後が大変なのを恒三は見抜いていた。とくに、消費増税反対の急先鋒になった小沢には、違和感を覚えてならなかった。非自民連立政権が崩壊したのは、小沢が消費増税にこだわったからなのである。

鳩山自身も金銭スキャンダルも発覚し、資産家である母親から約九億円もの資金提供を受けていたことが判明し、この件で公設第一秘書が在宅で起訴された。国民の批判に抗しきれず、鳩山は六月六日に総辞職した。

反小沢派が結束した菅直人内閣も、国民の期待に応えることはできなかった。第二十一回参議院通常選挙は平成二十二年七月十一日投開票で行われたが、それに先立って菅は、さしあたり増税はしないというマニフェストから政策転換をして、財政健全化のための消費増税を訴えた。

小沢や鳩山グループは、景気回復のためには一時的な財政赤字の拡大を容認する立場であったが、菅を担いだ反小沢グループは、党内議論を経ることもなく、消費増税と財政支出を削減する方針に転換したのである。

このため民主党は敗北し、改選数一二一に対して、二八議席を得たにとどまり、これに対して自民党は五五議席を獲得し、公明党の九議席を合わせて六四議席となり、非改選と合わせると自民党は八四議席、公明党は一九議席で、参議院では民主党は少数与党となり、ねじれ国会となったのである。

小沢と菅に共通するのは、権力を独占しようとすることである。全員野球という発想がないのである。森政稔によれば、民主党政権では熟議が欠如していたという。

「当初の鳩山政権においてすでに、小沢幹事長は、有力議員を政府に送り込むかわりに、民主党内での政策論議を制約し、そのことが政策形成に関われない一般議員たちの不満を買った。菅総理時代は、逆に小沢と彼を支持する人々が、政策をめぐる議論から遠ざけられた。当初目論まれた執行部の中央集権が形骸化し、党がバラバラになっていくなかで、個々の党政治家による一方的な意見の表明は数多くあった。しかし、これらはまじめな討議の材料とされることはなく、民主党内で熟議が可能となるような場は著しく乏しかった」(『迷走する民主主義』)

「新しい公共」とか「タウンミーティング」とかいうわりには、小沢も菅も独裁的であった。敵味方を区別して、自分の味方だけを取り巻きにする。それでは熟議とは縁遠い。それと比べると、恒三は他人の意見に耳を傾ける度量があった。そして、どのような場面では、どう身を処すべきかを、先人の知恵から学んでいた。それは理屈ではなく実践知なのである。

小沢は言葉によって説得するというよりは、裏での画策や選挙戦術によって存在感を示すのが特徴であった。菅の場合は、市民運動家であっただけに、あくまでもアジテーターであって、その場では人々を魅了するが、政策をかみ砕いて説明する力は欠けていた。

政治の転換期に恒三がもう少し若かったならば、二人の足りない分を補うことができたのではないだろうか。原理原則を振りかざすのではなく、相手の立場になって考えることが大事なのである。自説を述べたとしても、決してそれに固執することなく、常に変わりうる自分というのがなければならない。自分の権力を維持するために主義主張を変えるのではなく、熟議の結果考え方を改めるのである。それが保守主義なのであり、恒三はそれを実践したのである。

原発事故でも福島県は消滅せず

守勢に立たされた菅内閣が、最終的に国民に見放される決定打となったのが、平成二十三年成三月十一日の東日本大震災であり、それに伴って起きた福島第一原発の事故であった。

菅は参議院選挙の敗北の意味を総括もせずに、同じように独断専行で孤立することになった。「イラ菅」への配慮から、本当のことを周囲も口にしなくなり、野党の自民党にとどまらず、あまりにも右往左往する菅に対して、民主党内部からも反発の声が出たのだった。

そんななかで、原発事故の風評被害を煽っているというので、恒三が内閣官房参与であった松本健一を名指しで批判し、菅に解任を求めるという騒ぎがあった。その恒三の発言に関して松本は『官邸危機　内閣官房参与として見た民主党政権』で反論をしている。菅が優柔不断であることで生じた誤解なのである。

福島第一原発三号機が水素爆発を起こしたのは、三月十四日午前十一時八分であった。二号機も危険な状態になった。その情報に接した菅は、十五日午前十一時、十二日から出ていた福島第一原発から半径二十キロ圏内からの避難指示に加えて、同心円状に二十キロ以上三十キロ圏内の屋内退避指示を出した。

それを知った松本は、住民の避難が手遅れになることを恐れた。地形とか風の向きとかが考慮されていなかったからだ。それで松本は四月十一日の段階で、菅に向かって「原発から三十キロメートル以上離れているが、風下にあった飯館村も全村避難すべきだ。十年住めないのか二十年住めないのか、わからない」と言った。すると菅は同意してくれたというのだ。

そのことを松本がマスコミ関係者に話をしたら、それが新聞やテレビで大きく報道された。松本が喋ったことに激怒した恒三は、これは大変だというので、官邸に乗り込んで「(松本)内閣官房参与の首を切れ」と菅に直談判した。

松本が書いているように、菅内閣の避難指示のやり方に問題があったことは否定できない。スピーディなどのデーターからも、避難区域を同心円状にではなく、北北西方向に長く伸びた形で指定すべきであった。

しかし、恒三がこだわったのは「十年住めないのか二十年住めないのか、わからない」といった部分である。まだ危機が去っていなかったあの段階で、一部の識者たちは「福島県の東部である浜通り、中通りには住めない」と述べていた。最悪の事態が想定された危機的な状況であった。何とかして福島県を守りたいとの願いから、恒三は怒りを露にしたのである。

厚生大臣や自治大臣・国家公委員長を歴任したとはいえ、恒三は通産族であり、通産大臣として対米交渉の矢面にも立ったのである。その恒三がエネルギー問題に力を入れてきたことも事実である。

松本には誤解がある。福島県は歴史的にみても東京への電力の供給地であった。猪苗代湖や只見川水系による水力発電が東京のために利用されてきた。浜通りの原子力発電もその一環であり、国の政策として推進されてきたのである。恒三だけを責めるべきではない。

あのとき恒三が官邸に乗り込まなかったならば、浮足だっていた菅は、福島市や郡山市などから住民を避難させる可能性があった。そうでなくても、国の指示が出ていないのに、福島市や郡山市では逃げ出す市民が続出したのである。
二、三カ月であっても、人がまったく住まない期間があれば、福島県の復興の動きは、大幅に遅れることになったはずだ。松本は自分がさらしものになったことが許せなかったのだろうが、恒三にも言い分があるのだ。
恒三の秘書から参議院議員になり、原発事故のときに福島県知事であったのが、甥の佐藤雄平であった。恒三は「参議院議員になったまではよかったけれど、千年に一度の大災害が福島県を襲って、それからの毎日は大変だろうなあ。震災と原発事故の二重の苦しみを受けた県民の生活を守っていく一番大事な立場になっているわけだから、命を賭けてがんばることだな。福島県の未来に自信を持って、もっと元気な顔を見せてほしいと思うな」（『夢ひとすじ福島びと』）とエールを送ったのである。

墓穴掘っただけの野田内閣

民主党の切り札として登場したのが、平成二十三年九月二日から首相の座に就いた野田佳彦である。野田の功績といわれるのは、翌年八月に消費税引き上げ法案等八法案を民主党・自民党・公明党で合意し、社会保障や税の一体改革に関する確認書を三党で交わしたことだ。

野田は民主党内の保守派として政権担当能力を示そうとしたが、かえってそれで混乱を引き起こすことになった。口では消費税の引き上げのために「近いうちに信を問う」と大見えを切っても、勝つ自信がまったくなく、結果的には、平成二十四年十二月までずるずる引っ張ってしまったのである。

消費増税を野田内閣で決めたのは、小沢派への対抗ということもあったようだ。『民主党政権とは何であったのか』で、政治学者の山口二郎のインタビューに答えて、野田はその辺のことを語っている。

「本当は小泉内閣や第一次安倍内閣のときにやるべきだったと思いますが、駅伝で言うと、たまたま私がたすきを受けたのが厳しい上り坂のところだったのです。しかし、上り坂で受けたからといって、たすきを下ろしてしまったり、横道には行けないという気持ちがあり、次の選挙が心配でしたが、次の世代に対して責任を持って対応する政治をやろうという思いが根底にありました」

保守派というので野田に期待したむきもあったが、官僚がつくった文面を一字一句違わずに読むだけの政治家で、官僚の思いのままに操られたのである。第二次安倍政権で何度か何度も消費増税を先送りしたような大局的判断ができるようであれば、野田への評価もまだ違っていたのではないだろうか。

大浜原発の再稼働や尖閣諸島の国有化については、大きな政策上の決定であったにもかかわらず、党内手続きがどこまでなされたかは疑問である。政治は現実を無視してはできないわけだから、すぐに原発がゼロにできないというのであれば、その理由を国民に説明して、納得してもらうのが筋ではないだろうか。

尖閣諸島の国有化の問題では、平成二十四年九月九日、ＡＰＥＣウラジオストック首脳会談の際に、中国の胡錦涛と廊下で立ち話をし、野田が国有化の話を持ち出すと、血相をかえて怒ってきたという。保守派としての自分をアピールしたかったのだろうが、それなりの覚悟をもっていたかとなると、はなはだ疑問である。

第二次安倍政権の誕生と恒三の引退

安倍晋三が総理総裁の座に復帰することを予言した政治評論家は皆無に近かった。しかし、持病の潰瘍性大腸炎から回復したこともあり、平成二十年からは本格的な政治活動を再開し、塩崎恭久や世耕弘成らと勉強会「クールアース50懇話会」を立ち上げた。そして、谷垣総裁の任期満了によって行われた平成二十四年の総裁選に立候補したのである。九月十四日の告示日には、安倍晋三、石破茂、町村信孝、石原伸晃、林芳正が届け出た。

九月二十六日に行われた投票の結果は、第一回投票は安倍晋三が議員票五四票、地方票八七票の合計一四一票、石破茂が議員票三四表、地方票一六五票の合計一九九票、町村信孝が議員票二七票、地方票七票の合計三四票、石原伸晃が議員票五八票、地方票三八票の合計九六票、林芳正が議員票二四票、地方票三票の合計二七票であった。

最多得票の石破が過半数の二五〇票以上に達していなかったために、上位二名を党所属国会議員の投票で選ぶことになり、安倍が一〇八票、石破が八九票ということで、安倍が総裁に選ばれ、十二月二十六日投開票の第四十六回衆議院総選挙で、自公で政権を奪還したのである。

民主党は改選前の二三〇議席（小沢派が離党したため）から四分の一、前回選挙の三〇八議席からは五分の一の五七議席になった。これに対して、安倍総裁率いる自民党は、前回選挙の一一九議席を大幅に上回る二九四議席を、公明党もまた、前回選挙の二一議席を一〇議席増の三一議席を獲得したのである。

恒三は野田が誤った判断をしたことを残念がった。野田が選挙の顔になれば、当然のごとく消費増税で批判を受ける。それで選挙に勝てるわけはなく、自ら身を引いて若い政治を押し立てるべきであったというのだ。

政治が不安定であるのは、選挙制度にも原因があるというのが恒三の見方である。小選挙区制で勝つには、地盤を受け継ぐことができる二世、三世か、大きな組織がなければ当選はおぼつかない。小選挙区制では若い政治家は育たないのである。政権選択の選挙ということで、人よりも党が重視されるようになるからだ。

今の選挙制度のもとでは、あるときは民主党が勝ちすぎ、あるときは自民党が圧勝するということが起きてしまう。死に票も多く、本当の意味で民意を反映したことにはならないのである。

安倍自民党は平成二十六年十二月十四日に行われた第四十七回総選挙でも、前回選挙を四議席下回るだけの二九一議席を獲得した。平成二十九年十月二十二日投開票で行われた第四十八回衆議院総選挙でも、前回議席を七議席下回るだけの二八四議席を獲得した。

また、平成二十八年七月の第二十四回参議院議員通常選挙や令和元年七月の第二十五回参議院選挙でも自民党と公明党で改選議席の過半数を制した。

アベノミクスによる金融緩和が株高をもたらし、雇用も大幅に改善されたことは否定できない。しかし、令和元年十月一日に消費税率を八パーセントから一〇パーセントに引き上げたことで、景気は後退局面に入るとともに、そこに新型コロナウイルスの拡大にともなって、日本経済は厳しさを増している。令和二年八月十七日に発表された四月から六月までのGDP（国内総生産）の伸び率は、年率換算でマイナス二七・八パーセントと、歴史的な落ち込みとなっている。

国民が困っているときこそ、国は積極的な財政出動を実施すべきであるというのが、恒三の持論である。緊縮派の官僚の言いなりになるだけでは、この危機を乗り切ることはできない。安倍首相の後を継いだ、菅首相がどこまで手腕を発揮できるかは未知数である。提案ができる野党が育たなければ、今の危機的な状況を抜け出すのは難しいのである。

恒三の根本にある思想

恒三の政治家としての根本にあるのは、日本の国柄を守り抜こうとする志である。その一端が垣間見られたのは、平成十五年の春の叙勲で勲一等旭日大綬章を受章したときの、臣恒三としての感想である。『夢ひとすじ福島びと』で述べた言葉は、真の国士の心情の吐露であった。

「親授式で天皇陛下から勲章を頂いたときにはね、『日本人に生まれて良かった』って感動したなあ。終戦のときに天皇制が守られたことを考えてね、やはり、国の命運を懸けるときの政治っていうのが、いかに大事かってことを考えたなあ。吉田茂さんやマッカーサーね。天皇陛下がいなかったら、この国の歴史は、全然違ったものになっているし、勲章っていっても、何のありがたみもないと思うな。天皇陛下から頂くから、ありがたいんだなあ」。

日本の政官財を担っているエリートに欠けているのは、恒三がさりげなく語ったその思いなのである。いくら英語を流ちょうに操ることができ、経済についての知識があったとしても、それがなければ駄目なのである。

日本の国柄の根本を理解している数少ない政治家の一人が恒三である。天皇陛下に対する

勲一等旭日大綬章受章（平成15年4月）

親しみの念こそが大事なのであって、それは理屈ではないのである。恒三という政治家の特質を考える際に、もう一つ忘れてはならないのは、彼の政治的な勘は間違っていなかったということである。

永井陽之助は前述した、インタビュー「『現代と戦略』とクラウゼヴィッツ」において、『戦争論』に出てくる「摩擦」という言葉を重視した。永井は「クラウゼヴィッツはいかなる現場指揮官も避けることができないミス、予見しがたい事故、情報のゆがみ、運不運をすべてひっくるめて『摩擦』と言っています。この『摩擦』を決断の際にどれだけ自分の考えの中にとり込めるかが重要なわけです」と語っている。

戦略という観点から、永井は「自己のもつ手段の限界に見あった次元に、政策目標の水準を下げる政治的英知」を重視した。政治家が国家目標とかを口にして「あまりにも雄大なビジョンを描いたり、大風呂敷を拡げたりすることは、はなはだ危険なことであります」と説いたのである。

恒三には小沢のような派手さはないが、「摩擦」の意味を知っていた。戦後の日本が大きな失敗をしてこなかったのは、大それた「大東亜共栄圏」といったスローガンを掲げなかったからだ。恒三もまた、できもしない理想を追い求めなかったのである。

恒三は小室直樹の友人であることから、永井の愛読者であった。小室と永井は米国留学中に相撲を取った間柄であった。日本に帰国後に小室が東京大学法学部政治学研究科に入学できたのは、永井が丸山眞男に口添えをしたからであった。

その辺のことは、村上篤直の『評伝小室直樹（上）学問と酒と猫を愛した過激な天才』で詳しく触れているが、恒三も小室から永井の名前を聞いていたはずだ。永井の本を読んで「我が意を得たり」という感想を持ったのではないだろうか。

恒三が『三国志』や『太平記』などを読み漁（あさ）ったのは、人間抜きには政治を語れないからである。英語を喋れるとか、数理経済学を論じることができる以上に、政治家として大切なのである。

恒三が引退を表明したのは、第四十六回衆議院総選挙の直前であった。福島県議会議員に当選したのが二十六歳であり、八十歳までの長きにわたって、郷土のために、国家国民のために、身命を賭して頑張ったのである。

地元会津事務所の所長だった元県議の杉原稔や、その後を継いだ赤羽勝範、元秘書の遠藤実も「恒三先生は忙しくないのが嫌なんでしょうね」と語る。一年三百六十五日のうち、何も予定が入っていないのは大晦日だけで、一月一日は皇居での新春祝賀の儀に出てから、その足で地元にもどって、支持者回りをしたのだった。人と会うのが嫌いでなく、人間が好きでなければ、政治家にはなれないのである。

自民党を離れてからは連合の支援も受けるようになったが、連合福島の二代目会長の高橋雄次、三代目会長の和合正義とは、肝胆相照（かんたんあいて）らす仲であった。保守の旗を掲げてきたとはいえ、働く人ともしっかりと手を握ったのである。

そんな政治生活に恒三は終止符を打ったのである。鶴ヶ城近くの会津若松市城東町の住人となっても、令和二年八月二十三日に死去する直前まで、二階俊博自民党幹事長をはじめ、与野党の大物政治家が恒三のもとを訪ねたのは、世の中が乱世であればあるほど、老いてなお青雲の志を失わない恒三の一言を聞きたかったからなのである。

「健全な民主主義が日本で根を下ろすためには、二大政党制の実現しかない」と確信している恒三は、日本の将来を誰よりも案じていた。弱い者に寄り添う政治が今日ほど求められているときはないからである。

恒三の見舞いのため会津を訪れた二階俊博自民党幹事長（前列左から２人目）。左は瓜生信一郎福島県議、右は順に佐藤雄平前福島県知事、恒三夫妻。後列右は鈴木政英元磐梯町長（令和２年２月）

あとがき

渡部恒三は私にとっては親の世代であり、今では数少ない戦争体験者である。もうすでに私の両親はこの世にはいないが、何もない時代から、戦後の復興を経験し、その後の世の移り変わりの荒波に揉まれて、精一杯生きてきた政治家である。

私は平成六年に『最後の会津人伊東正義　政治は人なり』を、また、平成十二年には『我天に恥じず　保守政治家八田貞義』を世に出した。会津を選挙区とした大物政治家二人を本にしたのである。

伊東は農林事務次官まで登りつめた官僚出身者であり、総理大臣の椅子を蹴った男として、政治史にその名を残した。八田は、政友会の代議士であった八田宗吉の次男であり、日本医科大学教授の職をなげうって政治家に転身したのである。

これに対して、恒三は親が県議会議員で、南会津の名門の出であったとはいえ、自分の力で道を切り拓いた。生まれたときから、政治家になるべくして政治家になった逸材であった。それだけに私は、いつか本にしたいと思っていた。「会津からは大政治家は生まれない」といった趣旨のことを司馬遼太郎がどこかで書いていたと思う。その例外中の例外が渡部恒三であったのだ。

今から三年ほど前に何度か会津若松市の城東町の自宅に訪ねてインタビューもした。それ以前にも本の話はあったが、白虎隊や戊辰戦争関係の執筆に追われていたこともあり、延び延びになっていた。今年に入って元磐梯町長の鈴木政英氏の協力を得て、本格的に着手することになり、出版も東京の論創社が引き受けることになった。

『渡部恒三伝』を出版することができたのは、私にとっても望外の喜びであった。取材にまで付き合っていただいた鈴木氏と、一気呵成に書き上げた文章を本にするのに尽力された、論創社の松永裕衣子氏には深甚な謝意を表したい。

追記

この本が出るのを楽しみにしていた渡部恒三は令和二年八月二十三日、老衰のためこの世を去った。享年八十八歳であった。生前しばしば語っていた、「一度会った人間とは、最後まで付き合う」という言葉が今も耳に残っている。

このたび私が「次代へと託す、魂の遺言」を書き留めることになったわけで、渡部恒三の志を継ぐ政治家が現れることを願ってやまない。まさに会津っぽの巨星墜つ、なのである。

主な参考文献

笠井尚『最後の会津人伊東正義　政治は人なり』歴史春秋社　平成六年
笠井尚『我天に恥じず　保守政治家八田貞義』會津日報　平成十二年
渡部恒三『水芭蕉日記　国政十二年の歩み』永田書房　昭和五十六年
渡部恒三『政治家につける薬』東洋経済新報社　平成七年
渡部恒三『耳障りなことを言う勇気　81歳の遺言』青志社　平成二十五年
渡部恒三『夢ひとすじ福島びと』福島民友新聞社　平成二十五年
豊田行二『人間政治家・渡部恒三』徳間書店　昭和五十九年
河井茂樹『渡部恒三の大臣実記』行研出版局　平成六年
大下英治『人間渡部恒三　政界再編の鍵を握る男』ぴいぷる社　平成十五年
大下英治『一を以って貫く　人間小沢一郎』講談社　平成五年
大下英治『ふたりの怪物　二階俊博と菅義偉』エムディエヌコーポレーション　令和元年
板垣英憲『渡部恒三　民主党を救った會津魂　ならぬことはならぬ』ごま書房　平成十八年
田中角栄『日本列島改造論』日刊工業新聞社　昭和四十七年
伊藤昌哉『実録自民党戦国史』朝日ソノラマ　昭和五十七年
小泉純一郎『官僚王国解体論』光文社　平成八年

奥島貞雄『自民党総裁選』中央公論新社　平成十八年
安倍晋三『美しい国へ』文春新書　平成十八年
正村公宏『世界史の中の日本近現代史』東洋経済新報社　平成八年
北岡伸一『自民党　政権党の38年』読売新聞社　平成七年
橋爪大三郎編著『小室直樹の世界　社会科学の復興をめざして』ミネルヴァ書房　平成二十五年
村上篤直『評伝小室直樹（上）学問と酒と猫を愛した過激な天才』ミネルヴァ書房　平成三十年
松本健一『官邸危機』ちくま新書　平成二十六年
山口二郎、中北浩爾編『民主党政権とは何だったのか』岩波書店　平成二十六年
佐伯啓思『正義の偽装』新潮新書　平成二十六年
森政稔『迷走する民主主義』ちくま新書　平成二十八年
永井陽之助『歴史と戦略』中公文庫　平成二十八年
クーデンホーフ・カレルギー『パン・ヨーロッパ』（鹿島守之助訳）鹿島研究所　昭和三十六年
K・R・マッケンジー『イギリス議会　その歴史的考察』（福田三郎監訳）敬文堂　昭和五十一年

渡部恒三　略年譜

昭和7（1932）年5月（0歳）福島県南会津郡田島町（現・南会津町）で誕生
昭和20（1945）年4月（13歳）会津中学入学（3年後に新制会津高校）
昭和26（1951）年3月（18歳）会津高校卒業
4月　早稲田大学第一文学部入学
昭和30（1955）年3月（22歳）早稲田大学第一文学部卒業
昭和31（1956）年10月（24歳）八田貞義秘書
昭和34（1959）年4月（26歳）福島県議会議員選挙初当選
昭和44（1969）年12月（37歳）第32回衆議院議員総選挙（旧福島2区・無所属）初当選
昭和49（1974）年12月（42歳）通商産業政務次官二期（第二次田中内閣、第一次三木内閣）
昭和51（1976）年9月（44歳）文部政務次官（第三次三木内閣）
昭和56（1981）年12月（49歳）衆議院商工委員長
昭和58（1983）年12月（51歳）厚生大臣（第二次中曽根内閣）
昭和62（1987）年11月（55歳）自民党国会対策委員長
平成元（1989）年8月（57歳）自治大臣兼国家公安委員長（第一次海部内閣）
平成2（1990）年3月　裁判官訴追委員会委員
平成3（1991）年1月（58歳）衆議院予算委員長

11月（59歳）通商産業大臣（第一次宮澤内閣）
平成5（1993）年6月（61歳）新生党結成
8月　新生党代表幹事代行
平成6（1994）年12月（62歳）新進党結成、党幹事長代理
平成7（1995）年10月（63歳）新進党政務会長、国会運営委員長
平成8（1996）年1月　新進党総務会長
8月（64歳）新進党副党首
11月　第60代衆議院副議長
平成12（2000）年7月（68歳）第61代衆議院副議長
平成15（2003）年4月（70歳）勲一等旭日大綬章受章
平成17（2005）年8月（73歳）民主党入党
12月　民主党最高顧問
平成18（2006）年3月　民主党国会対策委員長
9月（74歳）民主党最高顧問
平成21（2009）年8月（77歳）第45回衆議院議員総選挙（福島4区・民主党公認）14期目当選
平成24（2012）年11月（80歳）衆議院解散、政界を引退
令和2（2020）年8月（88歳）会津若松市内の病院で死去

笠井尚（かさい・たかし）

昭和27年会津若松市生まれ。県立会津高校から法政大学文学部哲学科卒業。主な著書に『最後の会津人伊東正義』、『会津に魅せられた作家たち』、『勝常寺と徳一』（以上歴史春秋社）、『山川健次郎と乃木希典』（長崎出版）、『白虎隊探究』、『会津人探究』、『仏都会津を今の世に』（以上ラピュータ）、『我天に恥じず　保守政治家八田貞義』（會津日報）などがある。

渡部恒三伝——次代へと託す、魂の遺言

2020年11月20日　初版第1刷発行
2021年 2 月20日　初版第4刷発行

著　者　笠井　尚
発行者　森下紀夫
発行所　論 創 社
東京都千代田区神田神保町 2-23　北井ビル
tel. 03（3264）5254　fax. 03（3264）5232　web. http://www.ronso.co.jp/
振替口座　00160-1-155266
装幀／奥定泰之
デザイン協力／林貞通
印刷・製本／中央精版印刷　組版／フレックスアート
ISBN978-4-8460-1995-2